傳承道

揭開成為世界首富家族的祕密

胡瑞志 Jay Fu

著

目錄 Contents

不甘平凡 造就不凡人生

　　你想知道一個過去沒有人脈、沒有背景、沒有經驗的人，從一個小地方來到吉隆坡打拚他的事業，是如何短短幾年就衝出重圍嗎？

　　他從一個一年只做區區馬幣 50,000 元業績的業務員，成為連續十年完成百萬圓桌，目前還帶領著團隊不斷的創新記錄。

　　你想知道，他是如何脫穎而出，有這麼大的改變嗎？

　　那你必須要看這本書，因為這個人就是我！

　　我，不甘於平凡，更堅信，人的潛能無限！

　　我，勇於挑戰自己，只為了創造精彩人生！

　　我叫胡瑞志，道地的馬來西亞人，不到四十歲的年紀，我是個財富管理師，專研財富傳承。

　　但，我和我的客戶，以及我的團隊，可是一點都不簡單。

　　我最驕傲的是我在安聯保險，連續三年完成全國組經理冠軍，而且培養出數十位百萬圓桌會員，我透過了傳授「財富傳承」的課程，創辦了「Elite

Venture 智富財富傳承工作室」和 FINEX Group 飛躍
理財集團這兩家公司，幫助了無數的夥伴，突破了他
們過去的業績，也讓他們找到了人生的目標和使命。

　　大學畢業後，我偶然的踏入了保險業。不過，人
生成功並非偶然，我這一路走來也超過了十三年，更
在最近這幾年，創造了我人生的另一個巔峰。

　　我曾經連續十年達到 MDRT（全世界只有 1% 的
壽險代理達到的標竿），2016 年到 2018 年，我更為
集團帶來 2 千萬馬幣營收，相當於 1.6 億台幣。

　　先解釋一下，MDRT（Million Dollar Round Table）
的中文名稱叫「百萬圓桌會員」，它是一個獨立的國
際協會。成立於 1927 年，是壽險理財專業人士的最
高組織。組織遍布世界 69 個國家的 500 多家公司，
超過 62,000 名會員都是世界一流的壽險與金融服務
專業人士。

　　當然，MDRT 會員也會結合了獨特的資源和人際
網絡，來激發所有頂尖保險員的業務成長。你可以和
來自全球各地的 MDRT 會員分享創新理念，也可以幫
助最優秀的金融專業人士達到事業的巔峰。

　　為集團創下高業績，當然，我也陸續為自己創造
超過百萬以上馬幣的年收入。2019 年，我的年收入
超過 200 萬馬幣，也就是 1,600 萬台幣。

我很開心！我有這樣的成績！而這是十年前的我從來沒有想過的。

我是如何連續十年都拿到 MDRT？

甚至複製出數十位跟我一樣的 MDRT？

以及連續三年拿到馬來西亞的全國組經理冠軍？

之所以展現這些成績，最主要的是讓夥伴們看到我的身體力行，以身作則。

當然，我對達成目標，是非常堅決的！

在我的信念裡：

「沒有不合理的目標，只有不合理的期限。」

「沒有能不能，只有要不要。」

你以為我的人生順風順水，一定是出生名門的人生勝利組嗎？

那可不！

我爸在我十歲的時候生意失敗，我在馬來西亞的鄉下長大。念書時候要打工賺錢，幫忙負擔家計，大學還借錢投資，賠的一敗塗地，剛出社會就負債數十萬台幣。

接下來，請你耐心看完這本書，你就知道我是如何靠著自己，翻轉我的未來。

傳承是「愛」的最大展現

　　今日社會隨著科技進步而在急遽改變，人類的生活習慣和行為也跟著趨勢而改變。不過有些人性卻永不會變。每個人努力幹活奮鬥賺錢，大前提都是為了一個字：「愛」，但錢賺再多我們都沒法帶走，很多人已經家財萬貫卻還是拚命累積更多財富，無非就是希望能把財富傳承給下一代，並以為理所當然的事，最後卻因為這錯誤的「以為」帶給下一代很大的遺憾。

　　胡瑞志（Jay Fu）的這本《傳承道：揭開成為世界首富家族的祕密》可說來得正合時宜。它描述了胡瑞志的艱辛起步和奮鬥，帶來很好的明燈和激勵，更重要的是這本書更點出了今天的社會裡很多人做遺產規劃和傳承的盲點。它以深入淺出的形式描述了傳承道的重點和方案，讓人能更有效的把財富發揮到真正保護摯愛身上，我相信你絕對可從這本書得到很多啟示。感謝瑞志的努力和付出，也祝願這本書能幫到許許多多的家庭。

王賓賢

ALLIANZ 馬來西亞營運 執行長

態度歸零 從「心」出發

一次機緣巧合的相遇，得到九年並肩進退的戰友。我記得第一次和胡瑞志（Jay Fu）見面是在我的辦公室，當時的他看起來瘦瘦弱弱的，我心裡獨白：如果從事銷售行業完全沒有說服力可言，更別說簽單了。但在聊天後我對他改觀了，Jay Fu 最讓我佩服的是永不放棄，不斷自我提升的精神。在遇到事業瓶頸時，提起勇氣找我這位大哥諮詢，選擇離開舊公司加入 NPG。歸零後他從「心」出發，不僅在個人業績中表現出色，團隊人數也快速擴展，表現一鳴驚人，成為許多人眼中的成功典範。

還記得他曾經分享過，想要在保險行業交出漂亮的成績單，方法和團隊固然重要，但自身的態度才是關鍵：

第一，要有清晰的目標；

第二，就是認真對待你的事業。

所以 Jay Fu 總秉持著「以終為始」的原則，以最終的目標為導向，成就自己的人生外，也希望通過自己的專業知識在未來繼續為更多人服務。「讓自己

遠離貧窮是一種責任，幫助別人擁有智慧脫離貧困更是大愛！」我知道這是他的一個推動力，在未來，他肯定會有更好的成績表現。

　　我衷心推薦讀者細讀《傳承道：揭開成為世界首富家族的祕密》，這是一本敘述了資產規劃相關的各種情況，直接指出資產規劃是如何借助保險成為資產最靠譜的傳承工具，讓讀者們對資產規劃有一個基本的認識，甚至在遇到不同的情況該如何妥善處理；對於保險代理人（Insurance Agent）則能夠為顧客們提供最合適的解決方案。

Norman Pang 彭建偉

NPG 集團創始人

態度歸零 從「心」出發

人總是要有夢想的，
因為它會一天一天的實現

　　我認識的胡瑞志（Jay Fu），他是一個在他領域裡的一個傳奇人物，默默的耕耘、堅持、專業、謙虛做人、高調做事，是一個真誠永不放棄的人。

　　在馬來西亞，財富傳承可能是一個很嚴肅，也很陌生，大家覺得很敏感的話題。「人在天堂，錢在銀行，子女在公堂」，這是很可悲又很現實的事實，也是每一位華人企業家心裡最不想面對的痛。華人企業家很多沒有這方面的知識，很想做而不會做。

　　我身為第二代家族企業的領航者，我真正的體會到這一塊的重要性。往往很多人以為它不緊急，而忽略和拖延了，這可是一項非常重要的事情。往往我們花時間去尋找「財富」，可是卻沒有花時間，去思考如何把財富傳承下去，讓下一代有更好的未來。而這本書剛好彌補了華人企業家裡最重要的這一塊知識——財富傳承。

　　「富不過三代」這句話，應該要在華人企業裡是時候改寫了。我相信在 Jay 的帶領下，這個夢想會很

快的實現，因為 Jay 是一位願意分享成功和幫助別人
成功的領導人。

Shane Mun 文鵬沖

Big Bath 與 Vimigo 創始人

人總是要有夢想的，因為它會一天一天的實現

打開你的家族財富傳承之路

　　認識胡瑞志（Jay Fu）將近十年之久，當初的他還是一名學生，靜靜旁聽學習。而我則已是一名講師。我還記得當時的他正努力的學習，努力的求變。時隔一段時間後忽然間失去了音訊，也沒聯繫了一段日子。原來失聯的那段日子，他正積極的參與 NPG 組織。當再次與他偶然相逢時，他已經成功蛻變成為了偶像級的保險從業員。

　　Jay Fu 非常堅持在他行業上的方向與目標，除了保險業以外也擴張到「家族傳承」的事業，而我本身除了企業融資服務以外也擴展到上市領域。就因為大家一直堅守著共同的理念與目標，所以在事隔多年後可以再次合作。

　　知道 Jay Fu 的新書即將登場，我本身可以完全感同身受那一份喜悅。早在 3 年前，我推出了第一本書，那一種成就及優越感是筆墨難以形容的。我衷心的為 Jay Fu 感到高興與自豪。

　　出版一本書的旅途是艱難的，他的努力有目共睹。他的艱辛與付出，不斷努力求上進才有今天的

Jay Fu。我希望 Jay Fu 的成就可以協助中小型企業，尤其是著重在「家族傳承」的朋友們。其實「家族傳承的事業」在企業上市之路也扮演著非常重要的一環。我掌握企業上市，而 Jay Fu 成就在「家族傳承」的事業。這也是為何我們依然可以一起合作的原因。

所以我衷心希望這本書能夠大賣，大賣之餘也可以很全面的傳達正確的資訊給中小型企業。希望在往後的日子裡，Jay Fu 能夠持續的發光發熱為社會做出努力為中小型企業朋友提供更多的協助及資訊。

我們大家共勉之。謝謝！

程志彬

IPO 企業上市顧問

Yes Finsource Sdn Bhd 創始人

推薦序

打開你的家族財富傳承之路

導言篇
土包子打造千萬身價的逆襲人生

相信自己有無限潛能，
等待自我開發！

$$$「我」是誰？

我，胡瑞志，Jay Fu。

各位老闆及朋友，我想請問您幾個問題，你是否想過：

第一：萬一你突然離開了，你留下的資產，是否真的足夠照顧你的家人，直到孩子們長大成人？

第二：你留下來的資產，是否會完整無缺地留給家人？還是會面對稅務和債務的問題？

第三：你的孩子還小，萬一你離開了，他們未成年就繼承了大筆財富，這樣會不會害了他們？到底有什麼方法能夠細水長流的照顧他們呢？

通常，我一見到客戶或是新朋友，我並沒有多說什麼，就直接問上面三個問題，請他們好好認真想一想。

這三個問題，也是我進入高資產人士世界的開端，開啟傳承之道的理念落實之路。

而這本書，我主要是和你分享：我是如何一步步

的從一個鄉下土包子到大城市打拚，短短的幾年就成功的逆襲人生。

傳遞正面能量，建立共好世界

2006 年，我從馬來西亞公立大學畢業之後，加入了保險業。

我現在是 Elite Venture Advisory 智富財富傳承工作室和 FINEX Group 飛躍集團創辦人。從事財富管理和傳承相關行業已經十一年，我專注在高資產人士財富傳承和財富管理服務，開辦財富傳承培訓課程和公眾教育講座。

我是一個什麼樣的人？我憑什麼光靠一張嘴，就可以年收千萬元？

先聊聊我的個人特質吧！

我出生在雙魚座的第一天。

星座書上說的個人特性：「當人家需要你幫助時，你不僅會伸出援手，還會附上大量的愛心。」我想這個特點，在我從小到大的工作歷程上，表露無遺。

我覺得，我是一個能「將心比心」，站在他人的立場，為別人著想的人；在我的同事和我的夥伴眼中，沒有人認為我難相處。

甚至他們願意把我當成心靈導師，因為我常常分

享我的人生經驗、藉此鼓勵他們，傳遞正面能量，甚至很多人跟我說，我有一股「說服他人的魔力」。

他們說，當我站在舞臺上，他們可以感受到我的真誠，沒有隱瞞，還有人覺得我很老實，看起來土土的；卻又能夠完全被我說服，同時也感受到我的影響力，這或許是我另外一種能力吧！

你也可以說，我最擅長的就是「透過公眾演說，散播我的影響力」。

我的優點是：我有耐心，我不暴躁！

我願意共享，以及我非常喜歡合作。

許多人覺得我 —— 做人非常的有目標，有計畫，很有使命感；甚至有人覺得我的包容性非常的強，因為我覺得單獨一個人成功，太沒有意思了！

我喜歡團隊一起成功！

我願意給機會，聆聽別人的感覺，甚至我願意把我的舞臺，分享給我的夥伴們，讓他們一起踏上成功的舞臺。

相信，人因「夢想」而偉大

我相信，「人」一定要夢想。

如果這個夢想可以讓你激動得全身發抖，這才是真正目標。

「如果你的夢想沒有被人嘲笑，那就沒有實現的價值！」我是一直這麼深信著。

我有一個遠大的夢想，我希望我這輩子，至少要創辦一家世界級的財富傳承學院。

而且我要率領著我的核心團隊，幫助他們得到「財富自由」，以及完成自己的人生夢想。

同時我希望我的團隊，能夠幫助全世界至少十萬個家族企業，延續他們的家族企業，幫助他們做出正確的財富傳承；以及打造強大的家族事業。讓這些華人家族可以繼續的強盛起來。

在我有生之年，要創立一個 1 億美金的慈善基金會，這是一個非常開心的事情，非常有意義的事情。

透過「財富傳承」，找到成就感和使命感

對於我的工作，我目前最滿意的是，透過我的演講、我的授課，或者是我的課程，啟發更多志同道合的人加入我的團隊，把我的理念一起宣傳出去。

我們的理念就是：

「財富傳承，是一個民富國強的重要工具。」

「幫助這些企業家，積善治家，富過世代。」

我們要幫助他們（企業家），累積更多慈善事業、做更多的公益活動，富過世代；這樣他們有充足的財力，才能幫助自己的家族，幫助社會大眾。

這就是我想要為這個社會創造的價值。

事實上，很多企業家，很多老闆，很喜歡聽我分享這種「財富傳承」的理念。

過去他們對「傳承」毫無概念，也不在乎。

但是他們聽了我的分析及分享之後，就覺悟了！

他們完全能夠明白「財富傳承」可以為他們的家族和子子孫孫們，創造一個更美好的未來藍圖，以及為社會盡一份心力。

我在跟我所有的客戶規劃「財富傳承」的時候，我都會跟他們說，請他們拿出總資產的 15%～20%來做慈善。

我相信，當我們累積了財富，一定要有所貢獻，這才是人生的重要目的。

我很開心，「財富傳承」不僅能啟發很多人，更讓許多像我一樣白手起家，身無分文的夥伴，也能透過這樣的方式，在這個事業上，找到成就感和使命感。

在「Elite Venture 智富財富傳承」方面，我希望能影響更多人；甚至在香港、中國大陸開課。

當然，這一切我都不強求，我只是要分享我的理念。也許先在社群媒體上講課，或者透過這本書，讓更多的人認識我。

　　你為什麼要好好看這本書？

　　因為我除了讓你知道：我是如何從谷底翻身，我更會教你如何「透過財富傳承」，同時為自己創造財富。

志言志語

就算再厲害的電腦，也無法計算出一個人的潛能。
在沒有被完全激發出來以前，你永遠不知道自己的潛能有多大！

家族信託就是給
後代的祝福，
守護每個家族的夢想，
讓您的愛永垂不朽。
-Jay Fu

導言篇

土包子打造千萬身價的逆襲人生／相信自己有無限潛能，等待自我開發！

第一章

創富之道 ⊢────

每個人都能創造出自己
最佳的創富之道。

第一節　創富心

你的心是一切的根源

$$$ 沒工作經驗就創業 遇三大痛點

做保險，是我大學畢業後，第一份真正的工作。

2006 年，我從馬來西亞北方大學（公立大學排名第七）工商管理系畢業，當時的我心裡總想著，如果畢業後能進入銀行業，就等於有份好工作，也等於有好的未來，而且憑藉著我的好口才和上進心，找份像樣的工作，應該不難。

但是，我錯了！

我很努力地一直去應徵，幾個月過去了，卻總被拒絕。

直到有一大，我問了我最想去的一家銀行的面試者，他說：「論成績，排在你前面的比比皆是；論學歷，來自美國、澳洲的也比比皆是；重點是，你沒有相關的經驗，你沒有在吉隆坡待過，我們這份工作就是要服務高端的資產族群，你連吉隆坡的路都不熟，你能勝任這個工作嗎？」

後來，我遇到了一位朋友。

他說：「Jay 你那麼想成功，倒不如來嘗試保險行業吧！而且這個工作，讓你用同樣的五年時間，在工作職場上打拚，我相信你的成果，你的成就，絕對

第一節

創富心／你的心是一切的根源

會是天翻地覆，天壤之別！」

我還真信了！主要還是因為我實在走投無路了，所以決定加入保險業。

我想：如果找工作無法順利，那就直接創業吧！

初期我做了三年半，也就是 2008 年做到要死不死一樣，我自己都笑稱是保險難民。

為什麼做了三年，還是一個保險難民？

因為我除了做，我根本不懂任何的方式。

我剛到吉隆坡，我只會在捷運站口、美食街、商圈等附近，發傳單、擺桌子等，我種種方式都試過，但是業績還是差強人意。

雖然有人說：人生不是贏在起跑點，而是贏在轉折點。但，其實我要告訴你，人生是贏在「彎道超車」。

什麼意思？

就是如果你知道你自己的缺點，贏不過別人，你就要會懂得「繞過去」。

我去學了一個功夫，讓我今天可以站在萬人的舞臺上。

這個功夫就是「財富傳承」。

用「財富傳承」方法，化解創業痛點

我一開始創業的痛點，不外乎是：

1. 沒有有錢人客戶市場，不懂哪裡找。
2. 高端客戶對我不感興趣，無法切入吸引到他們。
3. 見到生意人不懂該講什麼。

畢竟，當時的我，是個才 24 歲左右的年輕小夥子。

後來，我用了「財富傳承」的方法，化解了我這三個痛點，而且一點都不複雜，你要仔細看我的書，後面我會娓娓道來。

當初，我原本只想給自己五年的時間去嘗試，結果，這一做就做了十三年，要邁入了第十四年了。

一路走來，我覺得我最大的成就感，就來自於我從「財富傳承」的這個事業中，認識了非常多的優質人脈；這些人脈不僅讓我在理財行業、壽險行業，得到了 3 次馬來西亞的全國冠軍，更擁有自己的團隊！

同時也讓我從一個身無分文，甚至可以說是負債累累的無名小卒，成功翻轉人生。

我的悲慘成長歲月，就從我十歲開始說起。

$$$ 十歲家破產 賣魚為家計

　　那年，我十歲，我家破產了！

　　我父親做生意失敗，不僅把自己的儲蓄花光，就連借來的錢也賠光。

　　我家發生財務危機，我爸不得已，只好收拾行囊回家當農夫了。

　　我家裡窮，住在鄉下能做什麼呢？

　　其實，馬來西亞一直有著「橡膠王國」的稱號，主要原因來自於全國耕地一半以上都種植橡膠樹，是世界上最大的天然橡膠生產國和出口國，更占全世界種植面積的 40％，所以馬來西亞的農業，都是跟橡膠有關。

十歲啟發商業頭腦

　　人們說：「貧賤夫妻百事哀」，我是徹徹底底的感受到。

　　我天天看父母親吵吵鬧鬧，兩人甚至常常大打出手，當時我才十歲耶，我真的好害怕啊！

　　不過，也因此，我小小的腦袋開始轉著、想著，要如何幫家裡改善經濟。

有一天，學校突然流行起一種比賽遊戲，就是把兩顆橡膠果放在手裡夾，看誰的果子比較硬，誰就勝出。

其實這得要特殊的品種才行，同學們都來自城市，自然對這些品種不瞭解，但是，我住在農村，所以我知道，而且我發現，這橡膠果愈硬，價格就愈高。於是我每天放學，都會去家裡附近的橡膠園，撿了一大袋拿去學校賣。

不知怎麼的，我的商業頭腦，頓時被啟發，我覺得這個同學家境比較好，我就賣比較貴；家境比較貧窮，我就賣便宜點，有時候一顆一塊馬幣，最少也有五毛；就這樣，一個月賺幾十塊，對一個孩子來說，這些錢已經很多了。

以現代人的觀點，我，應該就是一個奸商吧！哈！

但是，這時候我也才發現，原來做生意，才是賺錢的最好途徑。

這是我人生中第一次賺到錢，是我小學四年級的時候，那年，我才十歲！

13 歲的我已經出社會打工賺錢

念中學的時候，我也打了好幾份工。

每天早晨，我得去市場賣魚，只為了賺一天十元馬幣（大約 80 元台幣）的工資。這對我來說，也是段不堪回首的痛苦經歷，不僅凌晨五、六點，就得起床出門到魚市場幫忙搬貨，雙手還得放入裝滿冰塊的箱子裡撈魚，真的讓我非常非常痛苦。當時，我就告訴自己，以後真的不能做這樣的工作，實在太痛苦了，尤其是手一伸下去冰凍水中拿魚的那一刻！

　　有好幾次，我爸媽看到了我那被凍得紅咚咚的雙手，也很心疼的希望我戴著手套做事，但，這不可能，因為戴著手套，更不好抓魚！

　　那段將近兩年的時光，在我的同儕、同輩、朋友們都還在跟父母伸手拿零用錢的時候，十三歲的我，已經出社會打工賺錢了。

　　我打工賺來的錢，不是花掉，而是存起來，只要看到我父親身上沒錢了，我就把打工存下來錢的給他。你說不心痛嗎？怎麼可能，這可是我辛苦賺來的血汗錢呢！但是我還是給了他，只為了幫他養這個家。

夜市賣雜糧的青黃年少歲月

　　十五歲，我又做了一個新的事業，就是到夜市賣雜糧。

什麼樣的雜糧呢？大概就是紅蔥頭、洋蔥、馬鈴薯、蒜頭等等。

我從十五歲開始做，做到了十七歲。在兩年的期間，我每個星期六、星期天都必須做這個工作。

坦白說，這個工作一點都不值得驕傲。

因為每次都必須穿著骯骯髒髒，甚至是破破爛爛的衣服，來剝馬鈴薯；或者是搬貨、運貨等等。一個星期兩天，大約可以賺 30 到 40 元馬幣的零用錢，換算成台幣，就是 240 元到 320 元。

我時常會在夜市遇到一些女同學，當我看到她們來逛夜市的時候，我只能偷偷跑去車尾躲起來，等她們走過之後，我再出來繼續我手上的工作。

其實那個時候，我是很自卑的！

$$$ 「貧窮」失自信 自卑中求學

　　我小時候的生活，活在一個極度自卑和沒有自信的情況。

　　為什麼呢？

　　因為我一直覺得，我父母很窮，我家境很窮，窮到連一個像樣的廁所也沒有。

　　尤其是過新年的時候，我的朋友想來我家拜年，我都不能答應！

　　我只能連忙說：「不行！不行！我去找你們！」

　　我知道他們基於禮貌，想要新年來家裡拜訪，可是我連招待他們的錢都沒有，甚至連像樣的廁所也沒有，這是我最自卑的地方。

　　所以坦白說，我的童年、小學、中學，就是在這樣自卑的情況之下，度過的！

　　雖然當時我的成績不錯，雖然我在同學、老師們的眼中，是個學霸，但是優異的成績並沒有改善我的自卑！

　　我還是覺得我要盡快的出人頭地，盡快的出社會工作，盡快的賺很多錢，我才有自信。

　　所以我在上大學之前，就已經打過無數的工。

打工與就學交織的青少年歲月

除了每天一早去市場賣魚、週末的晚上去夜市賣雜糧，學校放假的時候，我還得幫家裡去擺路邊攤賣水果。

我父親破產之後，回家當農夫時就種了一些本地的水果，像是榴槤、紅毛丹、山竹等等。

我還記得每次學校的假期，甚至是平常的週末，我都要跟著父母親去擺路邊攤賣水果，或者去做水果批發的工作。

雖然日子過得很辛苦，但是我當時覺得，我有這個責任，我需要幫助我的家人多賺一些錢，所以我必須去做。

再苦！都要咬牙撐過去！

我有一個哥哥，一個姊姊，兩個妹妹。

我大哥很早就到城市裏頭工作，而我大姊也去念大學住校，所以家裡頭，只剩下我一個男丁，可以幫忙家裡做一些粗活。

我除了平常上學之外，只要放學之後，或者是假日，就是幫家裡去擺路邊攤，然後星期六、日的晚上，再去夜市賣蔥頭啊、賣雜糧等，就這樣，度過了我的青少年歲月。

第一節

創富心／你的心是一切的根源

提早認知：人生，沒錢萬萬不能

但，也可能因為是這個關係，從小我就知道，「錢」很重要！

「沒。有。錢！」這三個字，是我人生最害怕的事情。

我從小就過得非常的清貧，我從小到大，沒有一件玩具是屬於我自己的。

我從來也沒有試過，能夠擁有一件真正屬於我自己想買的東西。

我現在所擁有的，都是直到我大學畢業之後，有了正式工作之後，才有錢去買！

說真的，沒有錢，就沒有自信；沒有自信，就沒有尊嚴。

所以我最害怕的就是「沒有錢！」

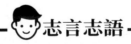 志言志語

沒有傘的孩子只能跑的比別人快，

沒有本錢其實就是最大的本錢，

因為你根本沒有什麼好輸的，那你還庇怕什麼？

$$$ 急功好利！人生栽了大跟斗

也因為我真的是「很愛錢」，我覺得「錢」很重要！

所以上了大學之後，只要有賺錢的機會，我都不會放過！

卻也因此，我也吃足了苦頭。

人生大跟斗 1 ／賭，千萬不能碰

能夠考上馬來西亞公立大學排名第七的「北方大學」，不容易！而我大學的學費，也不是拿父母的錢，我是跟政府貸款（類似臺灣的就學貸款）去念書，所以每天的生活費，我得小心翼翼，盡可能的縮衣節食。

也因為「真的很想賺錢」，我竟然陷入了「賭球」的漩渦中。每個禮拜，我都蒐集各種坊間的偏方、各種方程式，研究「哪個球隊比較有勝算」，結果當然是有贏也有輸。

我還記得這段堪稱是我人生中最慘痛的經驗！賭球的時候，我贏了一些錢，一時見獵心喜，一貪心，就會投入更多的賭注。

結果，這下糟糕了！

我曾經一個晚上，就輸超過了一萬五千塊馬幣，相當於十二萬台幣。

我當時真是驚呆了！人也慌了！因為我把我的零用錢，全部輸光了！

不得已，我只好硬著頭皮，跟我哥借錢，來還我所有的債！

我這個人是這樣：「別人可以欠我錢，我從來不會欠人錢。而且我欠人錢，一定會還到完。」

最後我把錢還完了，還記得我哥跟我說：「我不希望看到以後的你，是一個賭徒！」

所以從那一刻開始，我就再也沒有賭了！

任何有關於「賭」的東西，我也絕對不踩！

我覺得這對我來說，是一個很好的經驗與教訓。當你愈年輕經歷過這些，你長大後，就會愈愛惜羽毛，更會警惕自己。

當然，我的人生挫敗，不只這樣！

人生大跟斗2／傳銷，要看清楚產品及企業結構

這要說到，我這個人，還挺敢嘗鮮的！

在我大學畢業的最後一年，學校吹起了「傳銷風」。

當時的我一直很擔心著，大學畢業後，到底我能夠做什麼樣的工作？有什麼樣的工作適合我？坦白說，我都不知道。

在我很徬徨、不知所措的時候，我遇到了一些朋友告訴我：「做傳銷，這個傳銷公司可以幫到你！」

究竟是什麼樣的傳銷？原來是賣精油的！這是一個來自法國的精油公司。

但是要加入這家公司有一個條件，就是「必須要自己先投資」，「要投資，才能夠有利潤」。

於是我再次跟我哥借了大約三萬馬幣（大約二十四萬台幣）。

結果我進了這家公司，三個月過後，也把一些夥伴拉進來一起打拚。但是呢？也因為如此，我發現這家公司，是很有問題的！

它其實就很像是「金字塔」行銷公司，沒有一個實際的產品。

突然之間，我覺悟了！

甚至是我的朋友和同學想要加入的時候，我還和他們說：「嘿！你們最好是想清楚，我其實已經打算離場了！如果你真的要投入，我會把我從你身上賺到的抽傭，全部退還給你，我希望你不要進來！」

但是，當時我的朋友比我還要入迷、還要投入，

根本聽不進我的勸。

　　結果，他真的投入了！於是我把我所有從這家公司賺來的錢，全部給他，我還跟他說：「朋友，我不想賺你這個錢！因為我覺得這個是不對的！」這是我在念大學時候的一個小插曲。

$$$ 負債超過可負擔能力 人生谷底直打轉

也因為這樣，我大學還沒有畢業，就欠下了剛才提到的「賭球又輸」、「做傳銷又輸」；因為賭球輸錢的關係，我想盡快還清這筆錢，所以轉做傳銷，但是我做傳銷又被騙，我就這樣欠下了總共加起來五萬多塊（馬幣）的債務，相當於四十萬台幣。

坦白說，大學一畢業就欠了五萬多元（馬幣），我真的是很徬徨、無助，非常、非常的沒有自信。

為了還賭債和傳銷被騙的錢，我還得跟我哥哥和家人借，所欠下的全是人情債，我真的掉到了人生的谷底，這是我人生最痛苦的時刻！

坦白說，那段時間，我剛畢業，我去很多公司應徵、去面試，但是沒有公司願意聘請我，因為沒有相關工作經驗，而且做那些很普通的職位，我也看不上！

我希望進的公司都是跨國公司的高級職員，或者是銀行裡頭的銷售經理，但是因為我沒有工作經驗，很難謀得這些職位。

第一節

創富心／你的心是一切的根源

$$$ 轉角遇見貴人！靠「它」翻轉人生

但是，人家說：「上帝關了一扇門，必定會再為你打開另一扇窗！」

結果就在灰頭土臉的情況之下，我遇到了我的一個朋友！

他說：「你那麼想成功，不如你嘗試一下保險吧！這個行業，如果你肯花五年的時間打拚，我相信你絕對能夠得到豐富回報，遠遠超過你去打工的收入！」

也因為這樣的情況之下，我覺得說得也對！不如嘗試一下！

坦白說，當時的我，有點害怕、恐懼！

為什麼呢？因為我曾經在傳銷失敗過。我擔心我的人脈已經不相信我了，其實我對這個（保險行業），也對我自己沒有信心。

但是這位朋友的勸服下，我還是決定嘗試！

結果我就這樣加入了。得到了第一份正式的工作，就是「壽險業」。

從「壽險業」開始人生第一份正式工作

在加入壽險業的初期，坦白說我的表現也不怎樣。

前四年，我每年的平均收入是馬幣 3 萬元（約台幣 20 萬元）。

我真的很努力、很努力，可是呢？

我終究發現：「不論你再怎麼努力，沒有方法也是徒勞無功！」

這過程當中，我不斷的碰壁，各式各樣的方法我都試過……

直到了，二十八歲那年，我接觸到了「財富傳承」的課程。

於是我開始將它運用在我的事業上，然後我的業績開始不斷的翻倍成長。

多一次逆境，就多一分成熟；多一次絕境，就多一次機遇。

人生道路不會永遠平坦，就像天空不會一直風和日麗，

偶爾的狂風暴雨也是別有一番滋味的。

$$$「它」，一個令我深深著迷的行業

一開始，我不懂，也沒想過什麼是「財富傳承」？

當時的我只不過是一個單純的保險業務員。

剛開始做保險，其實也沒有讓我感到很興奮，直到我接觸了「財富傳承」，我簡直深深為它著迷。

其實說穿了，「財富傳承」只是保險當中的一環。

我發現，竟然可以透過「財富傳承」來幫助一個家族企業，延續它的財富；一代、兩代，甚至是數代。

我覺得這是非常棒的理念！因為唯有如此，才能讓華人家族的企業財富堆積起來。

與「財富傳承」巧遇，翻轉人生與視野

數千年以來，只有區區不到 3％ 的華人，有辦法把家族企業傳承超過三代以上，我覺得這太可悲了！

為什麼？因為在創富、守富的過程中，大量的浪費資源。

而這也是一個惡性循環，從開始創立的時候沒有錢，到有錢，又花光家產，不斷的惡性循環，浪費許

多金錢。

如果我們有一個制度，幫助每一個家族企業，累積財富，愈來愈團結，甚至愈來愈成功，我們就可以間接的幫助他們，立於不敗之地，帶來更大、更好的社會價值。

我是怎麼接觸到「財富傳承」的呢？

又是一個機緣巧合，我去上我一個師傅的課程。

從那時開始，我就踏上了「財富傳承」之路。

而且，我現在非常喜歡這個領域，因為它讓我不斷的認識優質人脈，而且它讓我更有使命感，我的人生目標就不只是在賣保險而已。

甚至我有個想法：我想透過「財富傳承」，幫助更多的人設立「慈善基金」，而這個「慈善基金」可以幫助更多更多有需要幫助的人。

「財富」是一把雙刃刀

同時這個「財富傳承」，也能幫助我身邊的企業家，能將他們的事業流芳百世，讓他們的孩子，他們的後代子孫，都能受益於他們所創立的基業。而不會造成子孫們爭產糾紛、搞得身敗名裂，甚至為了家產對簿公堂。

「人在天堂，錢在銀行，子女在公堂！」這些我

覺得，只要透過「財富傳承」，都是能夠避免的！

　　所以這個行業，不僅幫到我自己，也幫助了很多很多家族，解決了他們的「傳承」問題，讓他們更懂得善用資源；更讓他們的孩子，懂得他們的父親，辛辛苦苦創立的這些資產，是希望他們可以加以發揮。

　　讓他們知道自己只是一個繼承者，而不是一個擁有者；他們必須要把繼續傳承給下一代或者是自己的家族，甚至要幫助更多社會大眾。

　　其實「財富」就是一把雙刃刀。

　　可以幫助一個家族，製造更多的人才；也可能讓一個家族，陷入萬丈的深淵。

　　「為了錢傷感情」，甚至「一敗塗地」，這些案例屢見不鮮。

　　這些都是我想要透過我的事業，來幫助他們來度過「傳承」的危機。

志言志語

財富就是一把雙刃刀，
如果沒有規劃好，可能會傷了自己，還可能會傷了別人。

第二節　創富力

找出讓你源源不斷
前進的力量來源

$$$ 「財富傳承」是我的使命

　　若是要說到我人生最興奮的事情，就是我後來創立了「Elite Venture智富財富傳承工作室」這個平臺。

　　本來，我只是一個普通的保險銷售經理。不過，四年前（2016年），我創立了這個平臺，而這個平臺，也成為業界，第一個在馬來西亞有人公開授課，教導大家「如何透過財富傳承，為自己的客戶創造更好的資產、傳承。」

　　而這也讓我在這個領域成為一位先驅。

　　讓許多比我更成功、更有經驗的人，也願意像我一樣出來分享。

　　我覺得這是一件好事，畢竟，我對馬來西亞的「財富傳承」的理念，做了一個啟發，讓更多的人可以瞭解到，什麼是正確的「資產規劃」！

　　而這個平臺經過三年的努力，也在馬來西亞和新加坡培訓了超過三百位「財富傳承師」、「資產規劃師」等等。

　　他們都透過我的課，瞭解我的理念，回去也幫助自己的客戶們，設立了自己的財富傳承計畫。

　　我相信，這是我自己的一個重大突破。

一場朋友交談，創造新事業體

而 Elite Venture 的成立之初，並不是如大家所想的，一開始就一帆風順！

最初，也只不過是兩個人的交談。

有天，我跟我的中學夥伴 Joshua Loong 坐下來談，我只是告訴他：「我如何從一年做不到前一百名業績的代理商，突然間擁有這麼大轉變。」

當他聽了之後，他告訴我：「這個不錯耶！」「這個我們可以拿來教育！」

就這樣，因為這樣一個小小的理念，我們一拍即合，開始創立這家公司！

我非常感謝我的夥伴 Joshua Loong，他也是 Elite Venture 的 CEO，如果沒有他，創辦財富傳承學院的這個念頭，可能也只是在構思的階段。直到遇到了他，我們有共同的理念，並互補優勢，共同創辦了這個平臺。最近，我們團隊也加入了另外一位新戰友 Kitt Ooi，所以我們的關係變成了男女男，Kitt Ooi 她是一位善解人意的公關高手，大家都很喜歡她。以及新加坡也加入了另外一位非常用心的夥伴 Jolene Goh，感謝大家的付出，我相信接下來新馬的 Elite Venture 將會是非常的有趣！

我還記得，最初我們只是招收身邊認識的人，玩

票性質。

結果來了一批人，然後他又帶了另外一批，就這樣，又來了第三批人……。

突然間，就有人覺得原來這樣可以幫助到人，於是就有很多的「講師」出來了。

「市場上是不是有很多不同的講師講這一塊？」

「有看過嗎？在臉書上？」

「有！」

每次我在上課時，提到這個部分，大家總給我一些肯定的回答。

那我就會告訴他們，絕對會有一個人出來跟他們講，那就是「Jay Fu」。

哈！是的，就是我！

我不是在說我有多厲害，其實我要表達的是，有些事情很多人知道，卻不敢做，總有一個人要站出來做。

現在有人開了頭，自然是百花齊放，有很多人都在傳達這個理念，我覺得這是好事！

看到機會，就要抓住它

當初，我們為什麼會出來不斷地宣揚這個想法？

其實，我覺得馬來西亞非常缺乏「財富傳承」這

個觀念。

不！應該不僅僅在馬來西亞，而是全世界的華人。

舉例來說：阿里巴巴為什麼很厲害？不是因為有個馬雲整天出來演說。

而是這家公司真的是值得我們去研究：它創立的理念、它所設立的目標……等等，才會讓它成為現今全球前五十大的知名企業。

阿里巴巴創辦人馬雲說：「人生一定要有目標，一定要有夢想，萬一……不小心實現了呢？」

我相信每個人都有目標，阿里巴巴設定了 102 年的目標，在他們剛設立公司的開始；在他們都還沒有看到所謂的十八羅漢的時候；在他們手上沒有任何資源的時候，他們已經不斷的告訴大家：「未來阿里巴巴讓天下沒有難做的生意；將讓中國人富起來；將成為世界五百強的企業，甚至擁有 102 年的計劃跟目標。」

你認為當時有人相信嗎？

沒有！

但是他有放棄嗎？

沒有！

他有繼續講嗎？他有繼續堅持相信這個目標會實

現嗎？

有！他繼續講，繼續講，直到終於找到第一個傻子投資他，然後有第二個、第三個。

經過了一段時間，他錢花完了，又找回當初投資他的人們，繼續宣揚他的理念：「未來阿里巴巴讓天下沒有難做的生意；將讓中國人富起來；將成為世界五百強的企業，甚至擁有 102 年的計劃跟目標。」這些人還是願意相信他，經過幾輪融資，阿里巴巴終於擠身世界最強大的企業之一。

這就是一個夢想、一個目標，如果你夠堅決，看準了狠狠去執行它，到最後出來的結果，連你都無法想像。

這實實在在說明了：當你看到一個機會，你有沒有抓住！

相信，才會得到回報

這世界上，很多人都曾經看過機會。

馬雲曾經說過：「在我創立這個平臺的時候，中國這麼大難道沒有人創立嗎？有！有人去想，有人去闖，但是沒有人像我一樣有執行力。」

回過來，大家來思考「財富傳承」在華人世界是不是一個很新鮮，沒有人提過的行業？

絕對不是！

但是我敢說，我是第一位公開敢站出來說：

「財富傳承」是可以讓普通一般成績的人，突然間來個大轉變，改變人生。

有人相信，也有人不相信。

但是過去這段時間已經證明：相信的人，已經得到一些非同小可的回報。甚至已經突破了他有史以來的好業績，也找回了他的自信心。

不相信的人，還是不會做的！

學會名人的三句話，成功不遠

我在我的課堂上，都不斷地強調：「你都已經看準的事情，你卻還抱持著半信半疑的心態，就像是一杯裝滿水的心態來上課的話，你會成功嗎？」

學員們都會斬釘截鐵地回答我：「不會！」

沒錯！用這種心態，不論來上多少次我的課，都是「絕對不會成功！」

我不論去上任何一種課程，我只會跟自己說：「Jay，我只要學這個老師三句話！只要他有三樣東西可以影響到我就夠了！」

在我學習的生涯中，我一年上好多好多的課程，
我最終只有一個目的：

「完成我的目標；完成我的夢想。」

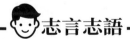

比爾蓋茨的偶像洛克菲勒說：

任何一個夢想講十萬次它必定能夠實現。

我的夢想是創辦一家世界級的財富傳承商學院。

華人一定要懂得財富傳承，家族才能持續富強，實現民富國強。

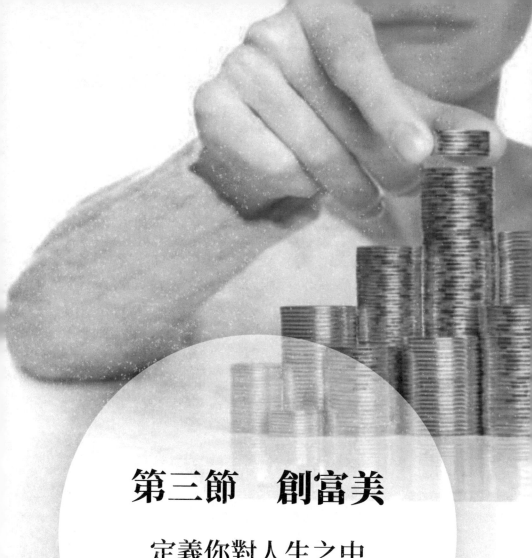

第三節　創富美

定義你對人生之中和美有關的事物與畫面

$$$ 馬航 MH370 空難 堅定「傳承」之路

要說到什麼事情，讓我人生最難忘？

我覺得有件事，是讓我堅決踏上「財富傳承」這條路！

還記得 2014 年 3 月 8 日，馬來西亞航空 MH370 客機離奇失蹤，謎團至今未解。而我也從來沒有想過，會有這樣的事情，發生在「我」和「我的客戶」身上。

一場空難帶來的啟發與自責

當年，我認識了一位客戶，我去見他！

因為他是一個老闆，也是我一直以來想要認識的客戶群之一。所以當我去他的辦公室時，我只是專注地跟他談保險規劃。

當他同意將他的遺囑和信託，交給我處理的時候，突然間，他的一個秘書從外面回來，他說：「Jay，不如你也跟這個秘書談一下，我覺得他也需要做這個規劃！」

坦白說，我當時真的「醉翁之意，肯定不在酒」，我只是想成交這個大客戶，拿到這筆大單；所

以對於他介紹的這個秘書，我其實沒什麼放在心上，我只是基於禮貌性的走過去，遞了張名片問：「請問你有什麼需要的嗎？」

當時，他的秘書也是告訴我：「暫時我也沒有什麼需要，因為我也沒什麼錢！」我只是很自然地說：「那好，沒關係，過一陣子再聯絡，如果你需要的話。」

兩個禮拜之後，我再去找這個大老闆，也見到了這位秘書。

我依舊是禮貌性的問他：「怎麼樣啊？有希望能夠做這個規劃嗎？」

他也是跟我說：「暫時還不需要，等我跟我的丈夫討論一下，我們會連絡你！」

當然，我也不以為意，因為我當時的目標，就是放在那個老闆的身上，所以沒有把這個秘書的事情，看得很重。

但是沒想到，過了三個月，突然間，清晨的一通電話，驚醒了我！

電話接起來，原來是那個大老闆打來的！

他很緊張的說：「Jay，當時我有請你幫我的秘書寫遺囑，你做了嗎？」

我說：「沒有！為什麼呢？因為他說他有需要的

時候，會跟我聯絡！發生了什麼事嗎？」

他說：「這樣就慘了！他們夫妻兩人都踏上了MH370，現在永遠都回不來了！」

當時，我整個人都傻了！呆在那裡，久久不能反應過來！

因為意外不知道何時來，「遺產規劃」很重要

我一直在想，這種事情怎麼會發生在我身邊，我還一直很疑惑的問他：「這是真的嗎？你肯定嗎？」

他說：「是啊！因為他們沒有做到資產規劃，而且孩子又未成年，現在他們在領取遺產方面，遇到了很大的問題。」

那時候，老實說，我真的很自責！我問我自己，為什麼當時我沒有堅持把我的工作做好，要求他一定要做！我只是集中我的注意力，在這個大老闆身上。

我覺得我「失職了」！

這對我來說，是一個很大的啟發和教訓！

從此我告訴我自己 —— 不管大或小，我要告訴我身邊的每一位朋友們，每一個我認識的人：「遺產規劃」的重要性，因為意外不知道何時來。

只要他們願意給我機會，我就一定要做好它。

這是我真的、真的，想要做到的！

這是我人生中，最難忘的事情。

志言志語

人生在世，逃不過生老病死或意外，我也一直認為這是命中註定。

我們無法選擇出生，也逃不過死亡，但是我們可以選擇活著的方式。

燈滅的時候，你留給摯愛的是一份遺憾，還是一份永恆的愛？

這取決於你的選擇。

$$$ 連續三年業界全國冠軍 家人終放心

　　其實我很疼愛我的家人，非常重視我的家庭。我還記得剛做保險的時候，我父母甚至會為我的三餐而感到擔心。每次回到我的家鄉，我爸媽總會很關心的問我：

　　「Jay 你到底身上夠錢用嗎？」

　　「你生活會有問題嗎？」

　　當時，坦白說，我真的是不敢回答。因為我連三餐溫飽都有問題！

　　但是經過了十年的打拚，我在 2016 年的時候，我帶上我的父母，站上了保險界全國冠軍的舞臺。

　　這個章節，我想跟大家分享，我的父母。

　　我覺得在我的人生歷程，我父母親影響我很大。

慈父，養成自我同理及感恩的心

　　在我十歲那年，我父親做生意失敗，就很失落的回家了！

　　我印象中，那時候的他，天天發脾氣，跟我媽媽天天吵架。

　　兩人如果只是口角吵架，這還算小事，最恐怖的

是，家裡總是上演全武行。

我當時，最害怕的是看到兩人吵架，尤其是為了錢吵架。

所以從小我就知道，「錢」真的是非常非常非常的重要。也希望能夠盡快為父母賺錢，幫助家裡的經濟。

但是，你問我，我認為我爸是個什麼樣的人？

其實我會告訴你，他真的是一個好人。

不管在與人相處，或者在做生意上，只有他吃虧的份，他從不會想占人便宜。也因為這樣的性格，根本不適合做生意，也不善於守財，所以他才搞到生意失敗，甚至破產。

有一句話是這樣說：「慈不帶兵、義不掌財」。

所以我爸，是個慈父，是個好人，真的也不適合做生意。

我印象最深刻是，在我父親生意失敗之後，我有一次考到一個不錯的成績。

我非常的開心，我執意的跟我父親要獎品，我要一個手錶，我那時候十歲，我覺得我可以擁有一個手錶，非常的酷，所以我一直拜託他、一直逼他。

我爸實在對我無可奈何，於是有一天放學回家時候，帶我去鐘錶店買手錶。

進入店裡，我第一眼，就看上了一個馬幣 50 元的手錶，我好喜歡啊！當時的我並不知道，馬幣 50 元對我老爸來說，是多麼重要、多麼困難。

　　我爸當下面有難色地問我：「可不可以買其他，便宜一點的？」

　　「我不要，我就要那個。」我堅定地指著那個手錶說。

　　我老爸無可奈何，還是掏了 50 元，買了那個手錶。我當下是高興得快飛上天了。

　　但是我老爸呢？

　　回到家後，他不言一發。

　　而我拿著手錶到處去玩耍，跟我同學分享。

　　我爸看到我的樣子，語重心長地責備我說：「你知道 50 元可以做多少事情嗎？你不應該這樣子浪費錢。你知道我們家，現在的處境是多麼的困難嗎？」

　　我當下，哭了。

　　我不能理解，為什麼我考得這麼好的成績，名列前茅，為什麼送我一個手錶都這麼困難？

　　我氣得把我剛買回來的手錶，丟在一旁，我躲在一旁大哭。

　　多年之後，我回憶起這段歷程，我想當時的 50 元，應該是我爸全部的家當。

我好好的反省了自己，我當下真的不應該。

當時父親責罵我的情景，我歷歷在目。

我常常以此，警惕我自己：我不是富二代、也不是官二代，雖然沒有富爸爸，但是我有一個好爸爸，我應該要感恩。

因為在我小的時候，我爸生意失敗，如果不是他願意放下身段，回到鄉下跟我母親去割橡膠樹，取膠賺錢。

每天半夜兩點就要起床，騎了 45 分鐘的車，到橡膠園工作。

就像是人家說的，從雞叫做到鬼叫，意思是從清晨天未亮就工作，一直做到半夜。

如果當初沒有他們兩個人苦撐，我也不會有今天。

所以，我對我的父母，真的非常的感恩。

我從不羨慕別人有富爸爸，因為我有好爸爸。

母親，培養孩子堅強個性

除了我爸，另外一個對我人生有很重要啟發的，就是我媽媽。

我的媽媽，其實是一個非常堅強的女人。

我想每個堅強的女性，都並非天生堅強，一定都

是被逼不得已，只好堅強。

當我父親生意失敗的時候，我母親只好撐起整個家。

在那個時候，她每天都必須從清晨開始，工作到很晚。就是在田裡，割膠、採可可、種青菜等等。這些工作我都跟著去做過。

在我念書的時候，其實我反而很不喜歡放假。因為一放假，我就得跟著我母親去做工，從早做到晚，還要餵蚊子。

當時的我，常常在想，為什麼別人的童年都可以到處去玩；然後我的童年家裡就這麼窮，我還得要去做工，跟著我父母受苦。

坦白說，真正受苦的，是我的媽媽。

我還記得，當時家裡窮到連吃飯都有問題，我媽媽還是咬緊牙根撐過去，把我們幾個兄弟姊妹養大。

儘管我父親不善於守財，我母親卻對於管理金錢非常擅長。

所以我們四個兄弟姊妹，有三個念到公立大學畢業，我姊和我妹都念到碩士，我哥則是私立大學畢業。

我相信，我們四個兄弟姊妹能有今天，全是我母親對這個家庭的付出。

所以當我出來工作，出來做社會保險的時候，我媽媽是我最大的支撐力量。

因為我很想有一天我成功的時候，帶著我媽媽上舞臺，讓她感受到我的成功。

給父母最大的禮物，就是給他們榮耀，讓他們安心。

過去這幾年，我都做到了。

當我第一次帶著我的父母親，看我登上 MDRT 的舞臺去拿獎，以及過去三年我拿到組經理；他們在台下，看到舞臺上播放著我被訪問的影片，看到我被各大報章雜誌採訪，我媽非常的感動。

她對我說：「當年這麼辛苦，把你們養大，現在看到你們這麼有成就，心裡真的很安慰。」

感恩人逢絕境、逆境求生的成長日子

當時的情景，我記得的非常清楚，當我帶著她走紅地毯的時候，她的眼睛是紅的，她真的很感動的對我說：「兒子啊～你真的不需要我擔心了！我可以感受到，你在這個事業上，真的成功了！」

因為打從我開始做保險的第一天開始，我父母親就沒有安心過。

一直擔心，我會被人拒絕啦～我承受不了啦～我

會沒有錢用啦～甚至我會遇到很多很多的挫折等等！

但是那一次，她看到我帶著她走向全國冠軍的舞臺，有那麼多人的歡呼聲，以及擁有那麼多人的團隊的時候，她第一次感受到 —— 她的孩子，真的做到了！不必再令她操心了！

這就是我父母。所以我很感謝他們。

這也是我人生最開心、最高興的時刻！

當然我們也知道，今天我能有這樣的成就，主要原因還是當年的家境清寒，逼著我們要努力往上爬。

人逢絕境，總要逆境求生。

但是，現在的社會，要遇到像我當年這樣的情況，幾乎是不可能了。

現在的父母不會多生小孩，許多小孩一出生，就擁有絕佳的物質享受，所以「財富傳承」規劃真的很重要。

「財富傳承」的規劃，我們可以分兩部分探討。

一個是硬體的規劃，就是交付信託、家族基金、設立很多的遺囑條規，以眾多的法律來管制。

儘管如此，還是需要搭配軟體的規劃（觀念的建立），就是從小就要教育孩子 —— 這些錢，是可以拿來幫人。水能載舟亦能覆舟，錢也是。

錢，辛苦賺來，我們一定要好好運用，幫助更多

的人。

甚至我們可以告訴下一代：這筆錢，你只是暫時保管這筆財富，你必須把這筆財富傳承給下一代，也要拿來幫社會上更多，需要幫助的人。

這就是財富傳承在硬體和軟體兩方面的不同規劃。

老婆與孩子是人生最強後盾

除了我的母親，我這輩子最愛的女人，就是我的老婆。

如果要說我人生中做過最特別的事情，應該是在我 28 歲那年，我給了我太太一個難忘的求婚。

我在一個商場裡，透過巧妙的安排，在一個商場的電視牆，一整面，在她不知情的情況之下，播放著我事先錄好的影片，給了她一個超級大的驚喜，一個非常難忘的求婚！

剛好也被我一個記者朋友拍到，登上了馬來西亞的全國版！這是我第一次，因為個人的事情登上了報紙，我非常的難忘！

這幾年，因為我個人的財富，我的經濟能力達到了一個非常高的水準，所以常常有機會帶我的爸爸媽媽、我的孩子、我的太太，一起出國旅遊，這對我而言，能夠和家人一起度過美好的時光，尤其是一起去

旅行，讓我覺得很幸福，我也希望這樣的幸福能夠一直延續下去。

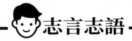

志言志語

別在該拼搏的時候選擇安逸，

我寧可苦一陣子，也不願苦一輩子。

父母和家人永遠是我們最大的精神支柱和動力。

你成功了，最關心的永遠是你的家人。

為自己，你拼一時；為家人，你拼一世！

人生不是大膽冒險，就是一無所獲，
向前走一步，離夢想就更近一步。
-Jay Fu

創富美／定義你對人生之中和美有關的事物與畫面

第二章

守富之道

守富之道不在於你創造了多少？
更重要的是你守住了多少！

第一節　守富論

想辦法？讓自己可以成為「攻守俱備」的人！

$$$ 華人富不過三代？是自找的！

韓國銀行曾經針對於全球百年老店的數量，發表過一連串的報告。

在德國，超過 200 年的企業超過 830 家。

在日本，超過 200 年的企業最少有 5,000 家。

而在中國，別說 200 年，150 年的企業究竟有幾家？

才五家。

分別是居必六、陳李濟、王老吉、張小泉和同仁堂。

這是一個非常令人不可思議的數據！

你要知道，黃種人占了全世界的人口，至少20 ～ 30%。

全世界的華人來自於哪裡？

就是中國。

就算香港很多人不承認自己是中國人，但是他的父母，或者是他的祖父輩的，大多是來自於廣東。

其實我們華人的思想上，還是很傳統的，不管是不是受到歐美式的教育。

在「財富傳承」的觀念，同樣的，不會因為你是

香港人、馬來西亞人、新加坡人，你就特別厲害。

以新加坡為例，我們在新加坡一樣有開「Elite Venture」，這個國家的金融業，比我們厲害、發達很多，但是你知道他們的「傳承」觀念，是多麼的薄弱嗎？甚至做遺囑的人都非常少！

美國布魯克林家族企業學院，也曾發表一篇研究表示，70%的華人家族企業，無法傳承到第二代，而第二代當中有 80%，是無法傳承到第三代，事實上只有 3%的家族企業的第四代還在經營。

全世界都是這樣的，在香港、臺灣、新加坡控制上市企業的家族總共有 250 家，在交班的五年之內，家族企業的下滑幅度是 60%；相當於若以台幣計算每股 100 元的價值在交班五年後只剩 40 元了。

聯合早報曾經報導，人稱吉隆坡王的華裔「葉亞來」曾經家財萬貫，去世之後留下了 147 間位於吉隆坡的店鋪給他的六個兒子和四個女兒。然而，100 多年後的今天，葉亞來的第四代卻已經家道中落，而且還有後代在馬來西亞生活了 80 年，依舊拿不到公民權。

華人願意花 90%的時間去創造財富，卻不願意

花 10%的時間，去想如何「守住」和「傳下去」。

這些的確是我們自找的！

「財富傳承」觀念的薄弱，是華人的通病！

我在講課時，常常有人跟我說：

「華人，你如果跟他說賺錢，沒有任何一個民族比他更勤勞！」

「但是你講到傳承，華人有太多的盲點。」

有的人受到過去的宗教信仰，或者是文化背景，造成他們心裡的盲點。

也有人覺得這樣的事情，不要太早讓家中的子孫知道，免得引起爭產紛爭。

這些種種造成了「華人富不過三代」的局面。

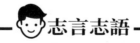 志言志語

富不過三代不是一種宿命，而是一種選擇；
有計劃不一定成功，但沒有計劃註定失敗！

$$$ 華人在財富傳承上的迷思

讓我來總結一下，華人在財富傳承上的迷思：

第一，忌諱。

華人很避忌談論這件事，好像如果現在談到身後事的安排，馬上就會發生意外一樣。

第二，不重視，拖延。

因為忌諱，當然對「財富傳承」就不重視，當有人提醒，當我們在討論的時候，就一再找藉口拖延。

根據我的經驗，華人只要你跟他說一個賺錢的機會，半夜都會去；但是你跟他說這個「財富傳承、遺產資產規劃等」，總是會得到這樣的回答……

「哎呀！遲點吧，你希望我早死嗎？」

第三，以為遺囑可以解決一切。

不是的！

現在很多大老闆，都有做遺囑。

而他們的遺囑都是律師在幫他們撰寫的，他們會說：「這是律師免費幫我做的，因為我給他做很多

生意。」坦白說，像這樣的東西，你認為可以幫到他嗎？

我時常跟這些大老闆說：「老闆，你花了大半生的時間，累積了幾千萬的財富，你認為一張紙，就能夠幫你解決，然後讓你的孩子，好好守住你的財富，傳承世代嗎？」

「這個錢不是他賺來的，你認為他會感覺心疼嗎？」

「如果是你，你會有感覺的！因為這是你從一無所有，打拚到現在，累積下來的，所以你會有感覺，但是你就給他（繼承者）這樣花，他會覺得是天上掉下來的！」

所以，為什麼不多花一點心思，規劃一些「信託」？

本來你的阿公那代是沒有錢的，你爸爸那代也很窮，為什麼偏偏到了你這代，爆富起來了？

「這應該是你上輩子有了福報，然後這輩子突然有錢，對不對？」

「但是你的下一代，不一定有你這樣的福報！」

所以我們一定要規劃一些東西，讓這個「福」，可以傳承下去，而且更重要還能幫助更多的人。

今天，一個家財萬貫的大家族，不只要幫助自己

的後代，一代比一代更強，還要教育下一代，「我們這一代有這樣的福報，我們接下來要做更多的好事，要創造出更多的財富，幫助更多的人。這樣的話，我們的福報才能傳承下去。」

而不是，這些錢是我們分到的，你要幹嘛都隨便你！

所以呢，華人富不過三代，很多是自己造成的！

第四，財產分到完為止，毫無保留。

因為很多人怕麻煩，常常說：「不要想這麼多，讓他們分到完就好！」

「他們有本事，就自然會有本事囉！想這麼多幹嘛？」

很多人會說：「以前我阿公、我爸爸，也沒有留什麼東西給我，現在我的東西給我下一代，他們有本事，就自己去打拚，沒本事就算囉！」

其實，我認為這主要是沒有認真看待這件事！

你的上一代沒有留下任何資產給你，因為他沒有錢，他只留下了「窮困」。

所以你會發憤圖強，你會努力，累積你的財富。

但是那是久遠、過去的時代，每個人都很窮，所以激勵著每個人，想成功、想發達。

但是到了現代，現在是什麼？每個人的身邊都有錢了，尤其是你孩子的同伴們，每個都是富二代，一開始就贏在起跑點上了，爸爸可能送他去貴族學校，給他最好的教育，甚至已經留了一些資產給他。

現在的孩子，你敢讓他自己去闖，自己去獨立嗎？

時代不同了！

所以你不應該拿過去你上一代怎麼教你，去教育你的下一代，你以為這樣就能讓他們成才，這是不可能的！以前是沒有 IPAD，以前是沒有 FACEBOOK，所以他們會比較聽話點。

現在我們要想：「財富，不是那麼可怕的！」

而是「我們要通過有設計、有規劃的方式，讓我們的子子孫孫，創造出更多的好財富，幫助更多的人。」

將來如果孩子有本事，我的財富傳承對他們來說，是錦上添花；如果他們沒本事，那就是雪中送炭了。

第五，缺乏長遠的計畫。

阿里巴巴為自己設定長達 102 年的企業目標，說真的，華人的企業目標如果有設定十二年已經不錯

了！

都是因為我們華人，看的不夠遠。

尤其是在「財富傳承」上。

不管有沒有錢，我遇到的人都跟我說「沒有想這麼多啦！」

在在都印證我說「華人富不過三代」的例子。

沒有人害你，都是我們（華人）有上述種種的迷思，害得我們無法將財富好好的傳承下去。

從「遺囑」到「信託」的財富傳承觀念

中國的招商銀行，在 2011 年和 2015 年，分別都做同一項調查（見下表「2015 年中國私人財富報告」）。

當時，他們問身價淨值超過三百萬美金的客戶，目前你們最擔憂的事情是什麼？

在 2011 年的時候，這些有錢人回答：「最擔心

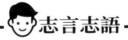
志言志語

將來如果孩子有本事，我的財富傳承對他們來說，
是錦上添花；如果他們沒本事，那就是雪中送炭了。

要怎麼樣創造更多的財富？」

但是到了 2015 年，情勢不一樣了！

同樣一批客戶，他們最擔心的竟然是「財富傳承」。

也就是說，累積財富到了一個階段，人就會開始改變思維，就會覺得「我現在已經衣食無虞，就該考慮到如何傳承。」

在馬來西亞，也是一樣。

在過去十年，你講什麼「財富傳承」，根本沒有人聽過。你講「遺囑」，有人聽過，也不瞭解，「信

2015 年中國私人財富報告

財富保障
財富傳承
子女教育
高品質生活
創造更多財富
個人事業發展
慈善

—超高淨值人士

2015
2013
2011

0　　20　　40　　60　　80%

各財富目標在高淨值人群中提及率%

資料來源：招商銀行＿貝恩公司「2015中國私人財富報告」

託」也不懂。

但是現在誰不懂「遺囑」？

「信託」才是一個流行的趨勢！

現在在馬來西亞很多有錢人在談論的，不是遺囑怎麼規劃，而是信託你做了沒？

因為他們認為遺囑這種事，已經很過時了，現在要懂「信託」的知識，甚至要設立「家族基金」。

如果你開始思考上述這些，代表著你的收入已經高到了一個程度。

所以話說回來，沒有做好傳承的規劃，未來就會陷入遺產的問題，包括很多資產糾紛。

從這份「在馬來西亞政府帳戶凍結的資產」資料就可以看出，在馬來西亞留在政府帳戶裡頭被凍結的資產，已經高達 600 億馬幣，相當於台幣 4 兆 4,771 億元。

這數字多麼驚人。

在馬來西亞，我都會跟這些有錢人說，通常人的身價只有這兩樣可以無條件傳承，一個是「公積金 EPF」，一個是「人壽保險」，其他包括了現金、房子、汽車、店面、工廠、土地、股票投資、信託基金、企業與商業投資等等，是無法分出去的！因為你沒有設定受益人。沒有設定受益人，有資格的就可以

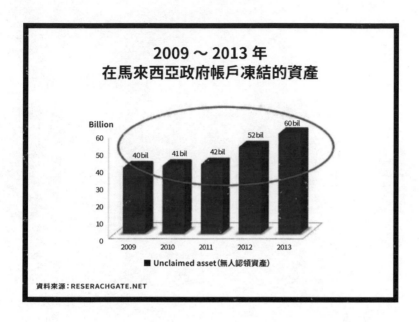

2009 ～ 2013 年
在馬來西亞政府帳戶凍結的資產

Billion

| | 40 bil | 41 bil | 42 bil | 52 bil | 60 bil |

■ Unclaimed asset（無人認領資產）

資料來源：RESERACHGATE.NET

來爭，然後就會造成處理事情的延誤，甚至衍生出更
多麻煩的事情。

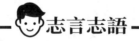志言志語

如果連辛苦打拚而來的財富也不能守住，那你何必辛勤工作？
乾脆就把錢花光算了！
IF IT'S WORTH STRIVING FOR,
IT'S WORTH PRESERVING！

守富論／想辦法？讓自己可以成為「攻守俱備」的人！

第二節　守富法

找出最適合保護你所有財富的方法

$$$ 各種財富傳承方式的利與弊

　　其實說到財富傳承的方式五花八門，常見形式包括法定繼承、遺囑繼承、生前贈與、保險信託以及家族信託傳承。

　　接下來我們探討一下各種財富傳承方式的優缺點，其功能和條件。

財富傳承1／法定繼承（Statutory Inheritance）

　　根據馬來西亞的法律，如果往生者沒有遺囑或其他安排，其所有遺產將根據 1958 年遺產分配法令（1997 年修正法案），直接規定繼承人的範圍、繼承順序以及遺產分配原則。法定繼承者來自：配偶，子女和父母，分配額度也將視情況而定（參考下表「1958 年馬來西亞遺產分配法令（1997 年修正法案）／ Malaysia Distribution Act 1958（Amended 1997）」）。

　　法定繼承無需做任何特別安排，可以說是直接由大馬的法律來幫你分配，但分配過程卻耗時耗力。法定繼承者首先必須共同推選出一位遺產管理者（Administrator），同時必須得到兩位保證人

（Sureties）的擔保，才能向法院申請遺產管理書
（Letter of Administrator），才能領出遺產，然後再
根據遺產分配法令分配，整個過程耗時 3～5 年，
甚至更久時間。這樣的傳承方式非常被動，分配過程
有許多不確定因素，也無法自行決定繼承者人選和配
額。

1958 年馬來西亞遺產分配法令
Malaysia Distribution Act 1958（Amended 1997）

家庭成員	財產歸屬權		
	父母	配偶	子女
配偶	—	100%	—
配偶＋父母	50%	50%	—
子女	—	—	100%
父母	100%	—	—
配偶＋子女	—	25%	75%
子女＋父母	25%	—	75%
配偶＋子女＋父母	25%	25%	50%

＊備註：此為 1958 年馬來西亞遺產分配法令，並於 1997 年修正法案。

財富傳承 2／遺囑（Will）

遺囑，是最常見的財富傳承工具。

我們可以通過遺囑分配所有資產項目，也可以委
託任何人成為遺囑中的受益人。

遺囑可省略許多法律上的繁文縟節，同時也可以避免家庭紛爭，在分配財產方面簡單容易，而且立寫遺囑的費用也很便宜。

但，遺囑也有弊端：首先遺囑的真實有效性容易受到挑戰，而且必須向高等法庭（High Court）申請遺產管理狀（Grant of Probate）。

現實中我們曾經看見許多真實案例，家族成員因不滿遺囑的資產分配，進而上庭挑戰遺囑的有效性，結果官司一打就數年，費時費力，甚至嚴重影響家族名望和家族企業的運作。

還記得，港星梅艷芳過世的時候，她的遺囑被她的母親數次上庭挑戰，以及香港華懋集團龔如心偽造遺囑官司案，就是遺囑實效性被挑戰的案例。

此外，申請遺產管理狀到執行遺產分配也需要耗時 12 ～ 18 個月不等。雖然如此，遺囑還是最普遍的財富傳承工具，然而在馬來西亞卻依然只有少過10%的人立寫了遺囑。

財富傳承 3 ／生前贈與 (Live-time Transfer)

在生前將財產包括現金、不動產、股權等直接進行贈與的形式，實現財產所有權的轉移，此方式確實能夠 100% 按照自己的意願分配給繼承者，而且能直

接避免繼承人之間的財產訟訴。

然而，生前贈與所涉及的律師費，手續費和稅務都較高。

更重要的是，如果事先就將所有財產直接贈與他人，自己日後的生活如何保障？

一旦財產贈與子女後，萬一子女不孝，沒有盡奉養父母的責任，或是因為婆媳關係不好而造成與子女關係破裂，你卻再也無法掌控資產話語權，可能會人財兩失。

其次，雖然避免了身後的財產爭奪戰，但在贈與的過程是否會已經引起家庭矛盾；受贈予人突然享有如此大的財富是福還是禍，是否能妥善管理，也是個未知數。

財富傳承 4 ／保險信託（Insurance Trust）

「保險＋信託」是財富傳承規劃中非常重要的管理工具。更是維繫私人財富穩定過渡的黃金組合。

保險是一個管道，目的單一、明確。以發生保險事故為賠付條件，不易產生糾紛。而且保險金擁有保險法令的護航，受益人無需拿來償還債務，以及擁有免稅功能。

而信託是一個平臺，可設立個性化的契約（Trust

Deed）以滿足個人的要求，操作靈活，受客戶控制，持續時間可以很長，設立的費用也很低，不但可以快速設立，也可以快速執行，適合普羅大眾。

然而，通過保險信託傳承的財產只能是現金形式，其他形式財產如不動產、股權等不能通過保險的形式進行傳承；還有保險不是你想買就能買，大多數終身壽險被保險人年齡在 75 歲以下，並且健康情況、職業要符合承保要求。

然而，隨著今年來各大保險公司競相推出各種高保障，低保費，而且核保簡易的壽險產品，客戶購買大保單作為財富傳承工具的意願大大提升，相信保險信託很快即將成為馬來西亞人民財富傳承的主流方式。

財富傳承 5 ／家族信託（Family Trust）

家族信託（英文：Family Trust，也稱「家庭信託」）是指委託人（Settlor）將家族財產轉移給受託人（Trustee），並由受託人為了受益人（Trust Beneficiaries）家族成員的利益或特定的目的進行管理的財富管理模式（參考下頁表「家族信託結構」）。

此種模式在外國富人中尤為普遍，在馬來西亞卻還是起步階段，比如戴安娜王妃、香港女星沈殿霞等

家族信託結構

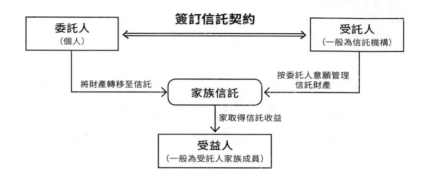

等都是通過信託這種法律架構實現財富的代際傳承。家族信託的好處包括：家庭財產的增值、保值和享受稅收優惠；信託利益只供家庭成員共用；避免由於家庭成員的破產、離婚或死亡而遭受家庭財產的流失；以及能將家庭財產順利傳承給子孫後代，實現富過三代。

在信託利益分配上可選擇一次性分配、定期定量分配、臨時分配、附帶條件分配等不同的形式。通過設立信託可以達到某些特定的財富傳承目的，例如一些富人為了促進繼承人成才，有時可以附帶各種有趣條件。比如：受益人必須考上大學或結婚才能一次性得到一筆錢，必須生了孩子才能再得到一筆錢等等。

所以，縱觀以上各種財富傳承方式，其實每項

都各有所長，也各有所短。因此必須考量到傳承者的個人需求和家庭情況而定。家族財富的積累要經過漫長、艱苦的過程，打江山不易守江山更難，妥善的規劃和有效的執行才有可能保證家族的財富不流失、不萎縮，保證家族基業長青，子子孫孫世代富貴。

財富傳承的智慧，專業系統的規劃宜早不宜遲！

志言志語

所謂：往事越千年，傳承永不變。

家族財富傳承談的不是金錢而已，

更包含了一個家族的教育和精神的傳承。

$$$ 「遺產」變「遺慘」的 12 個原因

　　為何資產會被凍結？以下是我總結的 12 個原因。

　　不過當你遇見客戶，千萬不要傻傻地一口氣把 12 個原因說完，因為你可能說完，客戶不是睡著了，就是嚇跑了！

　　所以，你一定要融會貫通，將這 12 個原因用自己的話來表達出來。

原因 1 ／沒有立遺囑（No Will）

　　也就是沒有指定受益人和執行人。

　　在馬來西亞，有高達馬幣 600 億元的資產被凍結；前幾年才 400 億，現在變成 600 億，最主要的原因，就是沒有遺囑。一個人如果沒有遺囑，他的遺產就沒有執行人，就必須從他的受益人挑選出執行人，挑選的過程，只能選一個或兩個，同一個時間其他人必須要放棄，才能挑選出來，這樣就容易造成彼此的矛盾與爭議。

　　最後找到了，還要根據法令做分配，也並非是他個人的意願。

原因 2 ／未滿 18 歲的未成年子女
(Minor Children Issue)

這是指未到期的資產無法認領。

假設一對夫妻出國旅行，從此沒有回來。所有個人資產留給他一個八歲及一個五歲的小孩，那怎麼辦？

曾經有個個案，有對父母買了一個保險，結果他們走了之後，所有的資產留給未成年的子女，但是這些資產被凍結，直到了他們孩子十八歲之後才可以拿。

這樣，保險，就變得不保險。

看得到，卻用不到！

原因 3 ／執行人管理不當
(Inappropriate Administrator / Executor)

這是指缺乏經驗／無知和錯誤。

往往出現糾紛是選錯執行人，當一個人離開的時候，就看他有沒有執行人。沒有遺囑當然就沒有執行人。如果法官來宣判，很有可能就是他的太太、父母、或者是孩子了！

但很有可能這個執行人從來也沒有執行過遺產分配，可能也沒有什麼經驗，造成遺產分配更加複雜和拖延。

原因 4／債務纏身 (Unpaid Debts)

在遺產分配之前，遺產管理人必需清算離世者未償還的債務。遺產管理人不允許做出任何遺產分配，直到一切債務被還清為止。一旦違反，遺產管理人將會被懲罰。大馬人富於資產，缺乏現金流動導致繼承人可能面對繼承債務的風險。

原因 5／資產稅務審核問題
(Income Tax Problems)

我有一個客戶，幾年前，我跟他說：「我會幫他做一個保險，未來如果有什麼債務、稅金等，就可以用這個保險來解決」。

他說：「不需要，我已經有很多保險了！」

我說：「就算現在你不需要，但是將來還是有可能面臨稅務的問題。」

他說：「我真的不需要！」

他堅持不做！

有一天，他主動打給我說：「你上次說的那個，我有興趣，我們來談一下吧！」

於是我就去找他，我問他：「你為什麼突然有興趣？」

他說：「你上次說的那個，真的會發生耶！」

他說他有個客戶，是做鋁架子工廠，這家工廠的老闆，幾年前去世了。去世了之後他的家人才發現，他生前有漏稅的情況，就在大家把他的資產拿去申請繼承的時候，問題來了。

他的家人接到馬來西亞內陸稅收局（即臺灣國稅局）的電話，表示這個人的資產暫時不能動，必須重新估稅。當他拿到稅收局重新估稅的清單，立刻傻眼，竟然還有欠債 80 萬馬幣，等於 640 萬台幣。

稅收局去收這些不良資產的時候，也很誇張！

比如說，稅收局派了兩輛車去他的工廠，一輛車去他的家，由於稅收局有事先打電話給他，跟他說必須要拿些資料。他立刻買了張機票，飛到吉隆坡，跑路去了！

稅收局也很厲害的跟他說：「你跑路也沒有用，我就在這裡等你，你不回來，我就封你的店、封你的工廠、封你的家！」

所以他只好乖乖回來，先把稅務還清，他才能拿到他父親其他的資產。

我要說的是，現在 80 萬馬幣對一般人說，可能還好。但是一旦你走了，因為欠下這筆稅，造成你的資產被凍結，不能變賣成現金，你的 80 萬馬幣是必須要「借錢來償還的！」

這時候，我們客戶才懂了！

人走後，最好是要留下一筆「現金」，來應付可能發生的各種狀況。

其實，這是因為馬來西亞沒有遺產稅，所以會有另外一個機制，來查核相關事宜。

追討遺產稅金的問題，不只一年、兩年，有時候還超過十年。前幾年馬來西亞的報紙就刊登過，稅收局對一位婦女發函，追討她已經過世 21 年的丈夫所欠下來的馬幣約 619.50 元的稅收。於是，這名女士需要每個月繳稅馬幣 51 元，為期 12 個月。

不僅如此，稅收局還曾寄通知信給死去的人要追稅。

像是有一個挖泥機司機在 2003 年過世，但是他的女兒卻在 2005 年被通知需要支付所欠下的稅務。

原因 6／生意夥伴繼承人糾紛
(Business Partner Argument)

想像一下，今天 A 與 B 一起做生意。A 不幸離開人世，A 的子孫對 B 說：「我不想做生意，你把這些賣一賣，我們分一分。」這時，B 不見得會同意，這樣就會產生糾紛，甚至對簿公堂。

真的，往往最大的問題，都是來自於生意上的夥

伴！

　　由此可知，一旦你有遺產，家人就必須先還稅金，才能夠分到財產。

原因 7 ／資產隱祕難尋
（Unable to Trace Assets / Under Proxy Name）

　　當一個人沒有做資產規劃，他的後代子孫根本不知道他有多少的財產。但這個祕密也有可能，隨著他的離開，也沒有人知道！

　　有這種很難確定的遺產，肯定很難分囉！

原因 8 ／個人名字戶口凍結
（Personal Account / Assets Frozen）

　　這是指一切都以個人名義註冊，沒有備份計劃。

　　我建議，如果你是做保險，你的傭金入帳的戶口，盡量不要只放一個人的名字。不然一旦有任何意外發生，你走了，誰去銀行簽名拿錢出來啊？

原因 9 ／受益人失效
（No Nomination / Nomination Failed）

　　有很多人輕忽，都覺得自己做很多保險與公積金，萬萬沒想到受益人可能會失效的。

怎麼會失效？打個比方說，你讓你的太太當受益人，但是你去旅行都帶著你的太太，這樣如果有任何意外，你不在，你的受益人也有可能是同一時間離開喔！

這樣你的保險就沒有受益人了！

我試問過我一個客戶，他回答我：「沒有關係，這樣我坐一架飛機，我太太坐另外一架，我早上去，她下午到啦！」

我覺得這個主意也不錯，但是，難道這趟旅行，你們還要分開搭巴士、分開搭船、分開住不同的酒店嗎？

所以萬一發生了意外，你的財產沒有受益人，就會變成遺產，然後就要找遺囑、清查你的資產和負債，你的後代子孫才拿得到。不像保險金一個月內就可以拿得到。

所以如果你的孩子還小，我還是建議，讓他加上一層保障；讓他的保險，更加的保險。

現在市場上有個主力商品，就是「兩倍效力的信託」，你買了保險，原本你的受益人會寫你的太太，但是現在不要，你把你的保單直接授權給你的信託機構，然後信託的受益人第一順位是你的太太，第二順位直接放你的孩子。

至少，你要有一份保單這樣做！

因為如果你所有的保單，只有放你的太太或先生當受益人，一旦你們兩個一起走，保險根本沒辦法理賠出來。

但是如果你有三份保單，你拿一份保單做這個信託，至少別的保單賠不出來，這份保單肯定賠得出來。

所以我現在專攻那種買了保險的人。

我遇到那種買了很多保險，然後孩子還小的人，我都會問他：「你有幫你的保險，買保險嗎？」

原因 10 ／流動資金不足 （Lack of Liquid Funds）

比如說，父母其中一個人離開，也許他的另一半會面臨遺產稅金給付、或辦理後事的費用，過世的人如果手上沒有流動資金，還在世的人，該怎麼辦？

所以即使你有很多的資產，卻沒有足夠的流動現金，也會造成資產沒辦法分。

有人會說：「我的銀行戶口有錢啊！」

但是你過世後，你的帳戶會被凍結，你不在了，誰還可以去拿？

原因 11 ／產業太多聯名，例如土地及資產
(Too Many Joint Name Holders)

　　現在的人投資房地產喜歡用聯名團購。常見數位好朋友一起出錢聯名團購各類產業，分散投資。然而，萬一其中一位成員逝世了，那就麻煩大了，因為很可能他的家人無法和其他團購成員達成一致決定要賣掉或保留該產業。一旦陷入僵局，那麼該產業也就無法套現了。所以產業愈多是聯名者，將來愈難傳承。

原因 12 ／受益人糾紛
(Beneficiaries Lawsuits & Disputes)

　　如果有其中的受益人，不滿意內容，他是可以提出申訴的，到時候告上法庭又曠日廢時，最好的狀況，就是把保險放入信託或者做好遺囑，避免未來的爭議。

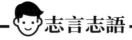志言志語

「老闆，難道你願意投資99%的時間來創造財富，
卻不願意投資1%的時間來保護財富？」

$$$ 用「遺囑」為你的摯愛留下家書

還記得，幾年前，新加坡已故建國總理李光耀的女兒李瑋玲和次子李顯揚，發出聯名公開信，指在執行父親李光耀最後遺囑（第七份遺囑）——拆除其故居的遺願過程中，受到親兄新加坡總理李顯龍的阻撓。而李顯龍也回應他質疑該「最終版本」遺囑的合法性，覺得父親極可能在沒有得到良好法律質詢和令人不安的情況下倉促擬定該最後版本遺囑。新加坡第一大家族「遺囑疑雲」愈演愈烈，家事變國事，似乎沒有任何妥協的跡象。

李光耀生前一共訂立七個版本的遺囑，前六份都是由御用律師柯金梨所擬定，然而 2013 年 12 月 17 日的最終遺囑的擬定與執行卻因突然改為由林學芬（李顯楊妻子）和她律師事務所的夥伴參與，同時加入了前四個版本都沒有出現的拆屋條款，從而引起了李顯龍的質疑。剪不斷理還亂，咱們姑且不談這份遺囑內容的合理性，李光耀先生是一個畢業於英國劍橋法律系的合格執行律師，並且曾經立寫過六次遺囑，我想他擁有足夠的知識和經驗規劃自己的遺囑，旁人不容易左右其意向，然而該最終版本遺囑是否經過他

守富法／找出最適合保護你所有財富的方法

本人的深思熟慮，或為何而設，這就旁人無法得知了。那麼身為平民百姓的我們又該如何規劃一份遺囑呢？

什麼是遺囑？

在財富傳承規劃中，遺囑是最基本的傳承工具。然而許多人總以為遺囑是一個人生前的遺言，尤其是生命垂危時，留下的話或寫下的遺書。其實並不然。西方人早就把遺囑當成人生財務規劃的一部分。遺囑是一份依據法律程式所作出的檔案說明一個人死後怎麼樣處理他遺產的心願及誰負責處理死者的遺產。其實在香港遺囑也被稱為平安紙，也許是因為寫了可以保平安吧。

一張遺囑一般會牽涉到四組人：立遺囑者（Testator）、執行者（Executor）、受益人（Beneficiaries）、證人（Witness）。

立遺囑的人，我們稱他為「立遺囑者（Testator）」；立遺囑者之個人代表，我們稱他為「遺囑執行者（Executor）」。受益人就是那些在遺囑裡受惠的人。證人是指見證遺囑是立遺囑者所簽署的。

如何設立一張符合法律的遺囑？

這裡有五個步驟要注意：

第一步：一份遺囑必須是書寫的，除非是特權遺囑（Privileged Will）。例如，在軍隊裡的兵士、海軍、海員在值勤時，都可以立特權遺囑。特權遺囑是口頭說的或也可以書寫，不過不必立遺囑者簽署。

第二步：立遺囑者一定要 18 歲（馬來半島和砂勞越）或者 21 歲（沙巴）。在立遺囑時，他必須要頭腦清醒（Sound Mind）。立遺囑者必須要在遺囑末端簽署以及寫下日期。

第三步：立遺囑者的簽名必須要有兩個人見證，而他們不是受益人以及他們不是受益人的丈夫或妻子。

第四步：執行者若不是受益人以及不是任何受益人的另一半可以見證這份遺囑。

第五步：這兩名證人必須在彼此和立遺囑者面前簽名。遺囑不需要蓋印花。

立遺囑的好處

遺囑是最經濟實惠的遺產規劃工具，因為它可以涵蓋你所有的資產種類，簡單容易設立，價錢大眾化，絕對是人人都可以擁有。遺囑的好處包括：

◎好處 1／你可以自由選擇你的受益人而不是讓法律來決定。

◎好處 2／你可以選擇你屬意的遺囑執行人或是信託機構。

◎好處 3／你可以為你的未成年孩子選擇監護人。監護人將監管你的孩子，並且負責他們的生活費用、飲食起居、健康和教育。萬一夫妻同時離世時，孩子還是可獲得妥善的照顧。

◎好處 4／完善的資產規劃，避免家庭爭產糾紛。

遺囑 —— 節省遺產執行時間及費用

在遺產執行過程中，如果沒有遺囑時，受益人必須選出共同的遺產管理人（Administrator），然後遺產管理人需要申請遺產管理書（Letter of Administration），同時還需要兩位元擔保人（Sureties —— 每一位擔保人的擔保書必須是遺產總價值）。做出申請前，還必須釐清死者所留下的財產及債務，或刊登廣告，通知涉及的人士。在這整個過程都會消耗時間及金錢。

若有遺囑，遺囑內會列明自己的財產，同時遺囑裡也已經預設了遺產執行人（Executor），也不需擔

保人（Sureties），整個過程會更快速。遺囑執行人只需要向法庭申請遺產執行書（Grant Of Probate），所需的費用和時間，比起沒立遺囑者都更低及快速。

遺產執行過程簡介

如果沒有遺囑，會根據 1958 年遺產法令（1997 年修正法案）來分配，也就是說：當一個人去世時而沒有立遺囑，在所有的債務交付後，管理人將按照 1958 年遺產分配法令（1997 年修正法案）第 6 條，分配他的剩餘財產給合法受益人。

何時該檢討遺產分配或更改遺囑呢？

事實上，在你還沒有死前，你都可以隨時修改遺囑內容，而李光耀先生不就改寫過七次遺囑嗎？當你每次立下新的遺囑，之前的遺囑就會被取代。然而，如果發生以下狀況，你也有必要檢討遺囑：

◎狀況 1 ／增添新家庭成員，例如：孩子、孫子
　　誕生等等。

◎狀況 2 ／遺囑執行人或受益人離世。

◎狀況 3 ／離婚或再婚。

◎狀況 4 ／孩子成年了或結婚了。

◎狀況 5 ／受益人破產。

◎狀況 6 ／添置或脫售重要資產。

◎狀況 7 ／財產狀況有大變化。

◎狀況 8 ／與受益人，或遺產執行人的關係產生大變化。

未立遺囑 小心資產被凍結

根據 2016 年一月份的報導，馬來西亞目前擁有高達馬幣 600 億元的遺產遭凍結，無人認領。被凍結資產會在 5 年內從 400 億元馬幣飆升至 600 億元，主要是因為逝世者沒有立遺囑導致。

龐大的凍結資產不單只影響到繼承人，也為國家經濟帶來衝擊，因為龐大被凍結的資產，無人管理，也無法用來投資，甚至阻礙到周邊土地的發展，許多有價值的產業也因為無法轉移而變得一文不值。根據消息指出，政府目前也已經開始著手修改法令，以簡化小型遺產執行程式，希望有效解決遺產凍結的問題。

綜合以上各點，立下遺囑確實非常重要，因為一旦逝世者沒有立下遺囑，很可能引發很多不必要的遺產麻煩，甚至造成家人因遺產分配失和。

如果你還沒有立下遺囑，建議你趕快諮詢律師，遺囑信託公司或遺囑規劃專員的服務，完成自己的責

任。

　當然，委託遺產執行人也非常重要，建議你委託有能力和有意願的人成為你的遺囑執行人，因為這才能勝任繁重的執行人工作。如果沒有很好的執行人選，委託信託機構會是個不錯的選項。

　我希望你現在知道遺囑的重要性！

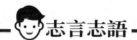

志言志語

許多人認為遺囑是一個人生前的遺言尤其是生命垂危時，
留下的話或寫下的遺書，其實並不然。
遺囑是一份依據法律程式所作出的檔案，說明一個人離世後，
怎麼樣處理他遺產的心願及誰負責處理離世者的遺產，
以避免資產糾紛，並有效的傳承家族財富。
所以遺囑也被稱為「平安紙」。

$$$ 富過三代的祕密武器 —— 家庭信託

　　保險信託，英文為「Insurance Trust」！

　　完美的資產規劃，就是設立家族資產信託。

　　對我來說，「Insurance（保險）」加上「Trust（信託）」就是倚天劍加上屠龍刀。也就是你讓本來就很有力量的東西，更加大它的力道。

　　就像是坦克車與飛機的綜合體。你不僅讓它可以在路上可以走，還讓它在天上飛，這是不是很強啊？！真真實實把它的價值實現出來，這就是接下來我要跟你們分享的。

　　其實明白這套理論，我相信不只從事保險業的人受益，對於每一個人的未來的規劃，應該也獲益不淺。

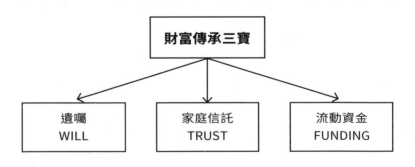

首先，如果你是做保險，你可能會因為一個「保險信託」而做到一個很大很大的保單。不管是儲蓄險、人壽險、重疾保單等等都可以。這就是我一再強調的，完美的資產規劃，就是設立家族資產信託。

我們先來瞭解一下，家族信託的架構。

有一個人，我們稱之為 Settlor（委託人），他有一筆財產，本來他可以直接給他的子女的，但是他不要！

因為他覺得這樣直接把遺產分給下一代，有一些風險。什麼風險？或者是他覺得他的孩子不會管理。

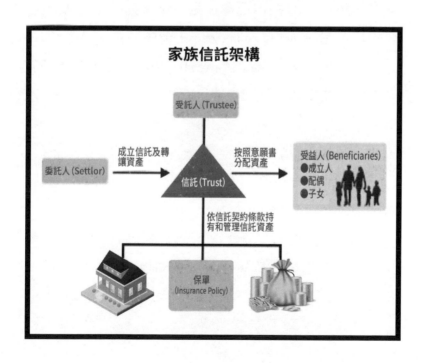

家族信託架構

受託人 (Trustee)

委託人 (Settlor) ──成立信託及轉讓資產──▶ 信託 (Trust) ──按照意願書分配資產──▶ 受益人 (Beneficiaries)
● 成立人
● 配偶
● 子女

依信託契約條款持有和管理信託資產

保單 (Insurance Policy)

或許是這個遺產必須由管理人處理。也或許他覺得他的資產必須要細水長流等等種種因素。於是他決定設立一個信託。

信託當中，首先必須要有個信託人（Trustee）。當事人必須和信託人之間，簽下一份意願書，內容要明定各種條件，然後在當事人離開人間之後開始執行。

當然，這個信託人，也有可能成為第一個受益人。怎麼說？如果當事人買的是 CI（即 Critical Illness 指重大疾病暨特定傷病險）的保單，那執行的信託人，一定會把自己擺在第一位。人死了之後，才會去依照當事人生前的意願，去分配資產。

我們大略知道了家族信託的架構，接下來你必須要知道人生四季的財富規劃。

人生四季的財富規劃

從我們剛出生到 25 歲，是人生中的春天，我們會注重自身的保障。

當我們過了 25 歲之後，我們開始有了自己的事業，有了自己的家庭，在人生中的夏天，我們開始著重在努力擴充自己的財富，讓家人過著富裕的生活。

人生一旦到了 50 歲和 75 歲之間，彷彿就進入秋

天，這時候的你，不想再冒太多的風險，你的資產規劃純粹是想要保本。

過了 75 歲，是我們人生中的冬天了。坦白說，賺到的錢也不是自己花了，可能就是傳承了。

人生的四季，也跟農作物一樣，有著「春耕、夏耘、秋收、冬藏」般的循環。

春天注重保障；夏天注重增值；秋天注重管理；冬天注重分配。

除此之外，你還要有個觀念：

財富的高度，不等於財富的長度。

怎麼說呢？舉個例說吧！

在 2004 年由《富比士》（*Forbes*）雜誌所發布的全球富豪排行榜，當時排在第二名的是中國國美電器創辦人黃光裕。

但是在 2008 年 11 月，這位中國前首富黃光裕被警方帶走羈押，2010 年 2 月正式被起訴。原因是涉及行賄、內幕交易與非法經營罪，在北京被判入獄 14 年。根據新華社報導，黃光裕還被處以 6 億元人民幣罰款，價值 2 億元人民幣的財產被沒收。至今還在坐牢。

第二節

守富法／找出最適合保護你所有財富的方法

然後，十年後大家再回首，有關這篇報導中的世界前十名首富，早已經人事已非。

我要表達的是：創業很難，但是要守住更難。

還有一個血淋淋的案例，就是在中國大陸曾經名躁一時，全國排名前五名的安邦人壽，也將走入歷史。

安邦集團原負責人吳小暉在 2018 年被控集資詐騙、職務侵占，被判處有期徒刑 18 年，沒收財產 105 億元。同年 2 月 23 日，大陸銀保監會依法對安邦集團實施接管，初定接管期 1 年。一年後，將新成立的大家保險集團，註冊資本 203.6 億元人民幣（下同，約新台幣 916.2 億元），將依法接管安邦人壽、安邦養老和安邦資管股權，並設立大家財險，依法接管安邦財險的部分保險業務、資產和負債。

做生意的四大風險

我們說做生意，有四大風險，到底是哪四大風險呢？

第一，政策風險。一個國家政策改變，如果你一

不小心踩到地雷，就有可能會全盤皆輸，也有可能永不翻身。

第二，稅務風險。如果哪天不小心，你的稅務沒有搞清楚，人家就會認為你的公司有問題。

第三，是健康和人事的風險。你生病了，誰能幫你打理你的生意？或許沒有！

第四，就是婚姻。也許你離婚，身價就不見了一半。

所以，如果你再遇到有人跟你說，我已經夠多錢了，兩代吃不完，你就要告訴他這個故事。像中國前首富，這麼有錢的人，為什麼會在十年後，面目全非呢？這個代表著，做生意如履薄冰，走一步是一步，你不知道你何時會踩到一個洞。

這又和我們這章節說的有什麼關係呢？

有關係！

如果他做的是信託，尤其是保險信託，不管他以後發生什麼事，他的家人都會獲得保障。

遺囑和信託的差異

說到這裡，你必須先弄清楚，遺囑和信託的差異。

第一，遺囑是人過世之後，才會有遺囑認證。信託是你現在就要把資產，轉進信託裡面。

第二，遺囑是人死後才會生效，還活著根本沒效，隨時可以改。但信託是只要你把資產丟進去，就生效了。

曾經有人問我：在遺囑裡面加上信託就好了，為何必須分開，特地設立信託呢，而且你應該馬上行動？

這當中的確是有些盲點的！

如果我在遺囑裡面加上信託的風險是，如果這份遺囑被質疑它的效力，所有的東西就不能生效了，做了等於白做。

但是如果我現在就先設立信託，我把我的資產放進入，同等於現在就開始生效了。如果我走後，有人去質疑也不受影響，因為已經在執行了。

第三，遺囑的年齡限制在 18 歲到 21 歲之間。信託的委託人必須要年滿 18 歲。

第四，遺產還會面臨到資產被凍結的風險。但是，信託不會。

第五，當事人所有的資產都可以被列入遺囑裡，但是信託不行。只有信託契約中，明確規定的那些資產，才能夠執行。

第六，是否需要向法院提出任何申請？遺囑是必須獲得遺囑認證書，才能解凍資產。但是信託不用向法院提出申請，資產也不會因為人過世被凍結。

第七，有一個特殊的狀況就是，一旦你離婚後再婚，你原本的遺囑就會失效，需要重新設立。但是信託不會受到影響。

第八，它的效力如何產生？在遺囑上，需要有一位公證人和兩名獨立證人，一起作證。但是信託只需要委託人和一名獨立證人作證即可。

第九，對於遺囑來說，一定是最後，最終的版本才會生效。但是信託可以有好幾份，你可以今天做，明天做，後天做，要幾份有幾份，只要這些資產不重疊就可以。

第十，可以由創建者撤銷嗎？遺囑是可以在創建者死亡前隨時撤銷。信託則是會出現兩種狀況，如果常初設定是可撤銷的信託，就可以將它撤銷；如果這是不可撤銷的信託，那麼就不可。

第十一，在法律上的文件種類（Type of Document）？就是一個是遺囑，一個是信託。

第十二，是否要取得死亡證明？人死了之後，遺囑需要有死亡證明才能去申請執行或者解凍財產。信託則不需要。

所以有些人直接把資產放在信託裡面，等到他走了之後，財產可以直接分給家人。甚至 IRB（稅收局，即國稅局）都還沒上門，就有一筆錢到了家人手中。

所以，當你知道遺囑和信託的差異性，你就應該可以深刻明白，我一再的強調：

一份完美的財富傳承資產規劃，就是要同步設立遺囑和家庭資產信託。

如何落實設立遺囑和家庭資產信託

到底要如何落實？

接下來，我就要一步一步的教你如何完成。

遺囑是你所有東西的保護網

現金與銀行存款 Cash & Bank	公積金 EPF	人壽保險 Life Insurance	信託基金 Unit Trust
房子 House			股票投資
車子 Car	全家人的幸福		企業與商業投資
店面 Shop House	工廠 Factory	地皮 Land	園區 Plantation

第一，一個人的資產需要通過遺囑來分配，但是他如果有個信託，他就可以透過信託來保護和保存。

當你面對你的高資產客戶，你可以跟他說：「老闆你知道嗎？你 95% 的資產是沒有受益人的。你只做了兩樣，可是並不完整，就是你的人壽保險和你的公積金（新加坡的體制），如果沒有確定的受益人會怎麼樣呢？就會出現資產凍結、延遲、甚至是糾紛。這樣你想不想解決這個問題？」

如果他回答：「想。」

你就告訴他：「很好，接下來我來幫助你解決這些事情，我需要你的一些資料。」

接下來，你就可以先幫他設立遺囑。

遺囑的好處，有三大項：

1. 容易設立（Easy）。

2. 便宜（Affordable）。

3. 可以涵蓋所有資產種類（Includes All Forms of Assets）.

當然，有好處，也有不足的地方：

1. 需要法庭認證（Requires Probate）

2. 花時間（Time Consuming）

3. 無法避債（Creditors' Claim）

4. 無法避免資產被凍結（Asset Frozen）

5. 無法控制資產運用（Lack of Control）

上述，如果你認同都是需要解決的問題，那你就可以建議你的客戶，在你的遺囑上「加上信託」。

設立家族信託的五大好處

設立家族信託的五大好處：

第一，信託不會被凍結，可以幫助家人渡過經濟危機。

信託無需申請公證（Probate），不會被凍結，也可直接啟動，不需要等個三～五個月。

同時你也要明白，有沒有遺囑的差異性。

當一個人過世了，如果沒有遺囑，他的家人必須要去申請行政命令，取得遺產管理書（Letter of Administration）。拿到之後，選出遺產管理人，作為受益人，才能後續執行相關事務，容易曠日廢時。

但是如果之前就設立好遺囑，整個過程就簡化很多。人過世之後，大約在六個月到一年之間，就可以繼承遺產。

在馬來西亞，遺囑認證書和遺產管理書的區別

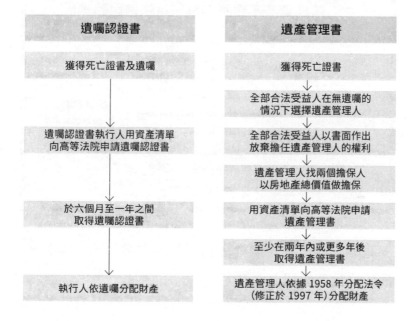

遺囑認證書	遺產管理書
獲得死亡證書及遺囑	獲得死亡證書
	全部合法受益人在無遺囑的情況下選擇遺產管理人
遺囑認證書執行人用資產清單向高等法院申請遺囑認證書	全部合法受益人以書面作出放棄擔任遺產管理人的權利
	遺產管理人找兩個擔保人以房地產總價值做擔保
	用資產清單向高等法院申請遺產管理書
於六個月至一年之間取得遺囑認證書	至少在兩年內或更多年後取得遺產管理書
執行人依遺囑分配財產	遺產管理人依據 1958 年分配法令（修正於 1997 年）分配財產

不過，話說回來，不管有沒有遺囑，都是會面臨到債權人要你還清債務、資產被公開、資產被凍結、要做遺產認證、還要付出遺產管理費、整個過程也被延遲，最後才會給到家人。

這時候，如果你有一筆資產，完全不會被影響、不會被凍結的，會是什麼樣的情況呢？

設立信託資產的好處，就是當事人不在了，所有的資產完全不用通過法庭的遺產執行命令或資產凍結，直接就能給受益人。

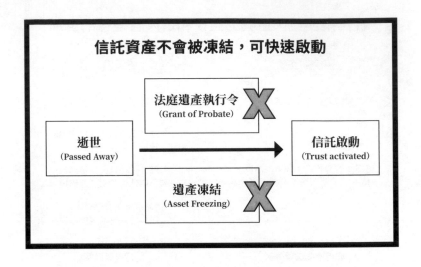

信託資產不會被凍結，可快速啟動

法庭遺產執行令
(Grant of Probate)

逝世
(Passed Away)

信託啟動
(Trust activated)

遺產凍結
(Asset Freezing)

第二，高度確定性，信託不容易被挑戰，避免子孫後代爭產糾紛。

一個人設立了遺囑，但是他的子孫不滿意遺囑的分配，還是有可能會鬧上法庭的。這種情況，就是我之前一直有提到的：「人在天堂、錢在銀行、孩子在公堂」。

像這個大馬富商，前拿督陳福裕過世之後，他的大小老婆就分成兩派，對簿公堂。雙方彼此凍結財產，吵得不可開支。

在臺灣，為新加坡知名品牌虎標萬金油的代工廠，也是一個活生生的例子。

根據自由時報在 2017 年 4 月的報導指出，代工生產「虎標萬金油」聞名的西德有機化學藥品公司創

辦人葉重德過世後，大房、二房爆發爭產官司，雙方為葉重德遺囑真偽纏訟 17 年，臺灣的最高法院維持高等法院更五審見解，採信刑事警察局鑑定結果，認為大房提交的葉重德遺囑是偽造的，依偽造文書罪判處大房兒子葉公超、葉百昌、葉公隆 3 人各 2 月徒刑，均得易科罰金新台幣 5 萬 4,000 元，全案定讞。

葉重德創辦的西德有機化學藥品公司代工生產知名的「虎標萬金油」和「德恩奈漱口水」等產品，在民國 83 年起陸續由二房葉百紋、葉佳紋等人接手，葉重德民國 87 年間過世後，大房民國 89 年間提出一份有律師見證的遺囑，指葉重德生前認為二房不孝，不得繼承，遺產應由大房及 3 個兒子 4 人均分，二房則控告大房偽造文書。

對遺囑真偽問題，大房和二房這 17 年來的官司，其實互有勝負，當時法院還請出神探李昌鈺參與鑑定，李昌鈺和刑事警察局都認為是遺囑偽造，最後高院更五審採信刑事局見解，認為從筆跡判斷，不是葉重德寫的；至於見證遺囑的律師吳志勇，先前已依偽造文書罪判刑 2 月又 15 天、得易科罰金確定。

另外，大房和二房還因「起家厝」土地、西德有機化學藥品公司三重廠的地上使用權對簿公堂，新北地院 2016 年底判決大房勝訴，二房應在 2021 年底將

三重廠土地還給大房，且廠房土地歸還前，年租金應從台幣 53 萬餘元，提高到 90 萬餘元，全案還可以再上訴。

耗時 17 年，就算有遺囑，也是問題重重，不僅讓企業元氣大傷，對後代合法繼承更沒有幫助。

你要知道，再好的遺囑，都有可能會發生糾紛。

第三，掌握資產控制權，避免造成財富濫用，子孫腐敗。

今天如果當事人只是設立遺囑，人過世後給出去了就收不回來。

但是信託不一樣，信託是生前布署，我給了你，也可以收回來。

我可以在信託裡面註明：「假如我的兒子，不學無術，去販毒，去坐牢，我可以取消他的權利，斷絕他的經濟來源。」這樣他有可能因為受到這樣的嚇阻，而不敢走偏門。

我常常跟我的高資產客戶說，也幫客戶這樣規劃他的信託內容：「如果我的大學孩子大學畢業，我就給他一筆獎勵金；如果他沒有繼續念大學，那他必須等到 25 歲之後，才能得到我提供的資金；如果他需要資金投資，在某個限額之下，必須要有約定之第三

者同意，才可以獲取這些資金。」

例如這個家庭，就是典型的留了財產給下一代，卻沒有信託的悲劇。

馬來西亞有一對夫妻，在新加坡當打掃道路的清潔工。

很不幸，先生在某一次的工作時，遇到一個逃犯，搶了一台計程車逃跑，先生不小心被撞死，在新加坡社會造成一片譁然。當時很多人很同情這對夫妻的遭遇，於是開始捐款給這位太太。當時國家的商業保險就賠了她 50 萬星幣（Singapore Dollar，大概是 1,117 萬元新台幣），然後大眾的捐款，也大約是 50 萬星幣，總共 100 萬的星幣，這個寡婦，就帶著四個孩子，回到了馬來西亞的娘家生活。

她的娘家除了父母，還有兄弟姊妹。

她大哥非常聰明的來找她，跟她說：「妹妹，妹妹，你這 100 萬的星幣，要支付這四個孩子長大念完書，也是不夠的，因為錢會變小，你的錢一定要拿來做投資。」

「那要做什麼投資呢？」這名婦人問。

「當然是投資我的公司啦！」她的大哥是做運輸公司的。「我的公司在短短一年之內，就翻倍成長，我現在要增資，擴充我的企業，你現在來投資正

好。你相信我，一年之後，我們公司一定會兩倍的成長。」

「我看妳可憐，這是你投資最好的機會，我就賣你 50% 的股份給妳。」

這婦人相信了，真的把錢給了他大哥。

沒想到一年之後，她大哥的公司倒閉了！連她大哥都跑路了。

媒體又來採訪她，她說：「我做錯了，他們知道我很有錢，全部都來找我，我真笨，我沒有買到屋子，並把要留給孩子的錢花光。」

然後就有人大罵新加坡政府，太笨了，怎麼沒有把這筆錢放進信託，分批給？一大堆人事後諸葛，但是錢花光了，也是事實。

我說到這個故事，我的客戶有的會笑我，這種事不可能發生在他身上，因為他的老婆非常精明。

我也笑說：「你的老婆會非常精明，是因為你還沒有給過她大筆資金過。那你試著給她 100 萬元星幣看看，你就會知道將來可能發生什麼事了？」

當一個寡婦，突然間手上有了 100 萬元星幣，就會有很多人來打她的主意。

我常說，人有錢了之後，智商會下降。

報紙上不是常登，有錢女人財兩失的新聞，屢見

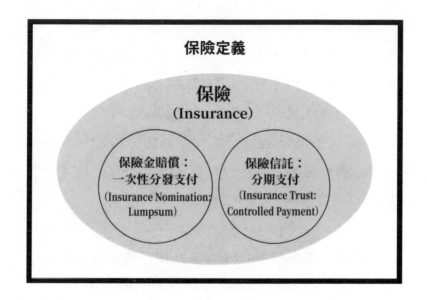

保險定義

保險
(Insurance)

保險金賠償：
一次性分發支付
(Insurance Nomination:
Lumpsum)

保險信託：
分期支付
(Insurance Trust:
Controlled Payment)

不鮮。

　　所以這就是我一直強調的，保險不應該是像把果園裡的樹砍下來直接給受益人，而是應該放在信託裡，控制它的給付，達到後續穩定收益，最好像果園裡頭的樹木，讓它定期結果，增加效益。

第四，信託確保家人利益優先，保障家人權益。

　　如果沒有透過信託，人走後，一般都是債主優先。

　　當一個人過世了，最先跟你要錢是政府，因為有所謂的遺產稅或所得稅要繳納；然後是銀行，你跟銀行借錢做生意，也是要還的；接下來是你償還生意上

的債務；最後東扣西扣，才是你老婆、小孩應得的。

你打拚了大半輩子，留給家人卻是所剩無幾，你覺得公平嗎？

你肯定會覺得不公平。

所以怎麼解決？就是去做信託。

在信託當中，你可以將家人設定是第一優先的受益者，其次才是償還稅務、銀行、債權人。

第五，信託提供解決債務＆稅務的緊急資金。

我之前提到，人過世之後，資產就會被凍結。凍結之後，合法的繼承人還必須要找到另外一筆錢，把稅金和債務先還清。

我常開玩笑的說，人走了之後會有兩個兄弟來找他。不是牛頭和馬面，而是所得稅和債務。

這其中也包含了，所得稅、債權人（銀行／財務機構／個人擔保）、醫藥費、執行費或管理費、律師費和會計費、喪葬費、資產損失或資產折舊、印花費、因糾紛的延遲、其他意想不到的費用等等。

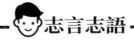
志言志語

家族信託擁有10項遺囑無法做到的功能，
全民信託時代已經來臨。讓信託成為您家人的守護神！

$$$ 如何創建家庭資產信託？

首先，你需要先創建一筆流動基金。

譬如說：

你可以準備兩個帳戶 —— A 帳戶及 B 帳戶。

A 帳戶，是你的現金戶頭。裡面存放著你的銀行現金、股票、相關投資和大部分不容易套現的資產。

B 帳戶，是你的特別戶頭。這是一個全新的戶頭，可以隨時套現，能保證原有戶頭的價值，用來彌補現金戶頭 A 的不足。如果你有做信託，你就可以把你的傳承保單放進這個信託帳戶，來確保你的家人，能夠真正運用。

接下來，我們要進一步談到，什麼是傳承保單信託？

傳承保單，是讓你達到財富傳承的事半功倍好方法，因為可以借力打力不費力，還能用 1% 創造100% 的價值，讓我繼續解釋。

為何要透過傳承保單來創建信託戶？

優點 1 ／經濟合算

假設你今天要成立一個價值 1,000 萬馬幣（約

第二節

守富法／找出最適合保護你所有財富的方法

7,326 萬台幣）的信託，如果用儲蓄的方式，你大約要存 100 年，才存的到。但是，你如果是用保險的方式，你只需要花馬幣 10 萬，就能夠達成，是不是只要 1% 的資金，就達到 100% 的效益？

優點 2 ／省時快速

如果是自己每年存 20 萬馬幣在銀行，需要多久才存到 1,000 萬？大約是 50 年。

但是如果你用保單的方式，你只需要今天把錢存下去，馬上就生效，你就能實現 1,000 萬的信託了。

優點 3 ／正規財富轉移

我們之前一再強調，人離世之後，資產被凍結，家人是最後的受益人。但是，如果有這個壽險保單的信託，你把錢放進去，這個原本該被凍結的資金，就無法被凍結，而且可以直接給你的孩子，甚至能夠傳承到三代。

所以我一直強調，這樣的做法，對於財富傳承是更好也更有效的方法。

你擔心你的遺產，可能因為受益人不善管理而揮霍耗盡嗎？

這是很多有錢人擔心的課題。的確，你直接留

1,000 萬馬幣給你的孩子，真的很危險。

但是你把這筆錢放進信託中，就不一樣了。

因為這個委託的信託人，可以是一個人，或者是一個公司（法人）。

而且擁有可靠、永久持續（持續存在）、專業與有經驗、能秉持獨立和公正、透明及預先同意的費用等等特性，因此，我認為委任法人（Corporate Body or TRUSTEE CO.）作為信託人更為合適。

舉例來說，在馬來西亞，Rockwills Trustee Berhad（樂委信託有限公司）這個機構就做得不錯，具有上述這些特質。他們是通過 1949 年馬來西亞信託條文成立的，同時也是 ATCM 的成員，目前為止，這家公司擁有超過 31,000 份遺囑的執行人員，他們為顧客們處理總值大約 20 億馬幣的財產及信託基金。

另外一家 Maybank Trustees Berhad（馬銀行信託有限公司），一樣是通過 1949 年馬來西亞信託條文成立的，也是 ATCM 的成員，市值突破 1,000 億馬幣，成為馬來西亞交易所史上首家市值破千億的上市公司。

大公司，大品牌，你的信託資金才有保障。

$$$ 傳承信託的額外好處

接下來，我們就來了解信託人（Trustee）能夠為你做些什麼？

首先，根據你的意願分配遺產，甚至可以長達80年。80年過後，你願意繼續讓他們來代管，也完全沒有問題。同時，也可以照顧你的受益人福利，包括弱勢的受益人。

而你的受益人，可以最快時間得到照顧，大約一個月內，就能實現。

所以，你的遺產可以得到妥善的保存和管理，達到財富傳承的效果。

基本上，傳承信託額外好處有三個：

好處 1／保單豁免債權 Creditor-proof（需符合條件）

如果你的信託成立超過五年，這筆錢都不需要拿來還債。

你想像一下，假設你買一份保單，很大的一筆保單，大約一年台幣 10 萬元，儲蓄六年，到了第七年，你破產了，這份保單會被先拿來還債的喔。

但是如果你是做傳承保單，放進信託裡，這筆保單是不需要拿來還債的。所以我說，所有高風險的職業，都必須買保險，最好能夠多一個步驟，做到信託。

好處 2 ／受益人可以隨時做出更改

你可以隨時更改裡面的受益人。在 2013 年以後的保單，受益人是不可以隨便更改，這是馬來西亞法令政策的關係。但是如果當時，你有把這份保單，放進信託，更改受益人的項目，就不會有問題，甚至受益人要指定給小三、小四，都沒有問題。

但是一般的保險，受益人永遠只有三種：一個是父母、一個是太太、一個是子女。

好處 3 ／保持高度機密

今天寫了一份遺囑，人走了之後，遺囑打開，誰都知道遺囑的資產分配。

但是如果有信託，就更加安全，因為每一個受益人，都不會知道另外一個受益人是誰。

所以我們說，信託會是更好，更安全。

今天你的客戶或許有生意、有動產、有不動產等，你必須要強烈建議他，再創建一個特別資產帳

戶，來做傳承保單。

因為只有這個特別資產帳戶，在人有任何意外發生的時候，能夠馬上變現應急，甚至能夠有增值的效果，同時也非常的安全。

總結來說，如果孩子還小，另一半也已經不在了，那就更需要做保險信託。我發現，男人買的保單，一定是放另一半為受益人；但是女人買保單，一定是放自己的父母作為受益人，這是有趣的現象。

現在我所強攻的市場，我都這樣對客戶說：「你整天帶著你的受益人（夫唱婦隨），有一天你不在了，你的受益人一樣也不在了。所以你一定要讓你的保單，更有保險，就是放進信託中。你的第一受益人，可以依舊是你的太太或者是你的丈夫，這沒有問題。至少，兩個人當中有一個離開了，或者都不幸離開了，還有一個信託機構能夠幫你掌管好你的資產，也讓你留錢不留債。」

法令規定，18 歲就能夠繼承遺產。但是我認為 18 歲的心智觀念上，還不是很成熟，所以我在幫客戶做的傳承信託，都是設定 25 歲、30 歲，甚至還有 40 歲的。

所以我再三強調：遺囑、信託、和保險，是三位

一體。缺一不可，三個都顧及到了，就能富過三代；
三缺一，就有可能變成負債三代。

成功的信託案例分享

　　華人的世界，有很多成功的案例，像是港星沈
殿霞，過世之時留下了上億的資產，但是女兒鄭欣宜
當時還不到 18 歲，於是她透過先前先安排好遺產信
託，透過專業的信託機構管理資產，每個月給她固定
的生活費，如果她需要超過一定的額度，就必須要她
前夫鄭少秋同意才行。

　　十多年過去了，沈殿霞的前夫鄭少秋說，鄭欣宜
從來沒有來找過他多要錢。而鄭欣宜也透露，還好她
母親當年這樣做，如果直接給了她大筆的遺產，她也
有可能把這筆錢都花掉了。

　　這證明鄭欣宜是懂事的，而且錢還在那裡，也增
值了。

　　另外一個有名的案例，就是前英國王妃戴安娜。

　　她在完成第三次遺囑的變更，兩年後就不幸車
禍去世。當時的遺囑她設立的一份信託，信託當中註
明，她的孩子必須要 30 歲之後，才可以繼承她的遺
產。當時她留下了 1,000 萬英鎊的遺產，但是現在已
經增值到了 2,000 萬。

有一句話，我覺得真的說得很好。

你是不是留得太多，又留得太早；最後卻發現，其實是留得太少，又留得太遲。

這句話非常發人深省。

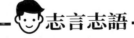
志言志語

你是不是留得太多，又留得太早；
最後卻發現，其實是留得太少，又留得太遲。

$$$ 找對的人 用對的方法

這個章節，我會告訴你，怎麼樣做，才能讓你攻破高資產人士的心防。

新成功方程式

首先，你必須要瞭解，這個世界已經變成了一種「綑綁式消費（Bundling Marketing）」。

意思是，某個產品會讓你先試用，但是在這過程中，你不知不覺就投入了更多錢。就像是微信支付，一開始，也只是通訊功能，後來推出支付功能，現在在全中國是最普遍的行動支付。

Facebook 創辦之初也僅僅只是社交媒體。但是創造出人流量之後，現在如果你要讓你的商品提高曝光率，你就必須要用信用卡付錢打廣告才行。

這就是先取得你的信任，再一層層賣你東西。

甚至還願意一開始先貼錢給你，例如，你下載它的 APP 之後，送你 10 元、100 元的優惠券等，吸引你一直消費，我覺得這是當今最成功的銷售模式。

因此，這也讓我想到，我們賣保險，就算賣很便宜的保單，也不會有人因為很便宜而買，保險，還是

需要面對面的講解、去銷售。更何況，我們賣「財富傳承」，不是一個單純的保險，是一個配套。

我有時候會遇到，賣了保險的產品，但是當事人都還不知道，原來我是賣保險的。為什麼？這就是一種說話的技巧。

像我會說：「老闆，你這個事情要解決，需要一筆錢，放在戶頭裡，如果你的戶頭錢不夠，沒關係，我幫你創建一個帳號」

這時候，很多人往往才反應過來：「哇，這不是保險嗎？」

「是啊！這就是保險的一種。」

「這麼好的東西，為什麼我的保險員沒有跟我說？」

是真的沒有說嗎？

還是一開始的溝通的方式，就沒有投其所好？

你會發現，如果你直接講「保險」，就很容易被拒絕。

但是你告訴他的是一種「解決方案」，「只是這個解決方案，是一種保險而已」。

所以，只要我們從「痛點」的方式切入，他還會覺得，怎麼會這麼好？應該早跟我說嘛！

這就是我要告訴你，我們銷售不同的模式。

接下來，我要談的是市場目標。

市場目標

財富傳承做得不好，因為一開始就鎖定錯誤的目標。

這些人我絕對不碰：

1. 沒有摯愛，無牽無掛。
2. 無欲無求，無痛點。
3. 沒有資產，家境非常普通。

簡單來說，就是沒有錢的人！

因為我一直想，要如何「彎道超車」？既然要彎道超車，就必須進入高淨值資產人士（High Net Worth）的世界，那我就要更能掌握他們的痛點。

我一開始只會鎖定這七種人：

1. 年長者（公公婆婆）。
2. 特殊家庭成員。
3. 年輕夫妻有小孩。
4. 生意人。
5. 擁有大筆資產及債務者。

6. 離婚者／單親家庭。

7. 三號家庭。什麼是三號家庭？就是有小三的人啦！

各位，小三現在生活也不容易了，都得要上培訓班了！所以請各位富太太，好好看好妳的丈夫。因為不僅人會不見，連錢也有可能不見。

我曾經有個客戶這樣問我：「怎麼辦？我的老婆逼我寫遺囑，要把我所有的錢留給她和她的大兒子！但是我不能這樣做，因為我還有一個紅顏知己，而且我們也有小孩了！我對他們兩個人，都是一心一意的。」

他強調，做男人一定要公平，但是他又很怕改遺囑。

其實，我是啼笑皆非的。

於是我建議他：「遺囑的部分留給太太，做一個信託，照顧小三和小孩，畢竟終究孩子還是你的，你有義務照顧他。因為信託完全的保密，所以不會驚動到你的大老婆。」

從此之後，我們兩個就變成了好朋友，因為他怕我把這個祕密，跟他的大老婆說。

雖然這是幫助小三，不過言歸正傳，我還是要幫

助弱勢群體，就是大老婆。

大老婆們，你們要如何小心遺產不被分割？

想要做到成功的大老婆反擊，首先你要知道，做遺囑沒有用！

因為遺囑只要人在世可以隨時改，遇到我這種好人，我會勸當事人不要改遺囑，要是遇到一般人，恐怕也禁不起當事人的哀求改了遺囑。

怎麼做？我說過：人不在，錢留下來就好了。

如果叫妳丈夫買份大保單，放在信託受益人只有你，不能改裡面的任何條件，這樣裡面的錢他拿不到，受益人改不了，確定他每個月付錢，這份保單絕對確保你 100% 的安全。

當然，小三也有小三的對白，每次我跟我的夥伴分享，大家都一笑置之，好吧！所以我們也要幫她。

其他的目標族群，讓我來一一解釋，首先年紀。

你要賣「傳承」你一定要找高資產的領域的人，而且不要太老，年齡在 30 歲到 60 歲之間。畢竟年紀太大，可能買不到保險，畢竟我們是需要「保險」和「傳承」一起賣出去。

再來，是家裡有小孩或者是特殊家庭的族群。

比如說家中有自閉症、肌肉萎縮、妥瑞斯症等，需要接受特殊教育的孩子。依照我的經驗，只要家中

有這樣的特殊孩子，而且是未成年，家長一定會跟你買信託，而且買的還不少。

你只要跟他說：「老闆，如果你現在離開了，你的小孩還不滿 18 歲是拿不到你的錢。」他就會很認真地聽你的「解決方案」。因為這些孩子，就是他的痛點──人要痛，才會想要吃藥（解決方案）。

接下來，就是找尋真正有錢、事業有成的人。

做生意人的生意好處是，你有可能做到他整間公司人的生意，包括他的合夥人、甚至是他的下屬都可以。

然後，老闆的朋友，通常也會是老闆。

像是賣遊艇的人，只會找想要買遊艇的人，所以他的身邊都會跟他一樣是同類的人。

所以我們必須要思考，只要你進入這個市場，這市場的人都是相同的人。

我分享我的經驗，我剛加入保險的時候，我做的客戶從最多只會買 200 元馬幣醫藥卡，直到我進入了「財富傳承」，我每一個客戶，我只會找生意人，我已經鎖定我的目標群體。

如果不這樣的話，我會沒有時間，領導我的團隊、傳授我的課程，所以，我需要的是「時間」和「方法」，因此我必須「精準行銷」。

但是我又不會找「很、很、很有錢的人」，極度高端的族群，是很難約的。

我最喜歡找那種位在中高階層的菁英份子，只要打電話就能約到的。而這些人往往對於「信託」又一知半解，好像懂一點，又不是全懂，這時候，就會需要我們專業的解說。

尤其是華人，我發現講中文的老闆和小老闆們，對「傳承」這件事，接受度很高，也比較好接觸。

還有，找到重視家庭的人。

會找你喝酒、去跑 party、需要你應酬的，這些都不值得做。因為這些人都不會是重視家庭的人，如果他跟你買保險，也只是應付你一下而已，如果他覺得行情不好，他就會斷了！反而是那種跟你約在餐桌上，或者辦公室的人，才是你的目標群體，這些才是重視家庭的老闆。

我完全不需要應酬，完全不用喝酒，因為重視家庭的人，自然會認同傳承的觀念。

最後的關鍵人物，就是太太。

能夠進入太太的市場，也很好。當然，太太也許不能完全自己做決定，但是絕對是重要的關鍵人物，因為她絕對能夠影響她的枕邊人。

試著思考一下，當一個家庭中的一家之主離開，

守富法／找出最適合保護你所有財富的方法

往往做大的受害者，就是太太。

丈夫不會因為太太走了，突然間很慘的！哈哈！

根據調查顯示，有 67% 的男性，在另外一半過世之後，24 個月後可以找到伴侶；但是只有 23% 的女性，在丈夫過世之後，一兩年裡，會找到另一伴，也就是大部分的男人容易喜新厭舊，女人則會比較會守著原本的家庭。

這調查告訴我們，女人啊，別傻了！受益人千萬不能寫先生。如果你的受益人寫先生，未來這些錢就是另外一個女人的！

女人你做信託，你就應該把所有的東西給孩子，丈夫什麼都不能動，由信託人監管，孩子到了 21 歲之後才能領回。

千萬不要發生「人在天堂，錢在銀行（被凍結了），孩子在公堂（爭產），老公睡別人的床。」

今天我們應該未雨綢繆，萬一人不在了，我們就應該設定信託，最好遺產的分配，讓我們的孩子，可以順利地接收我們的資產，傳承下去。

說真的，我也是這樣跟我太太說：「如果有一天我不在了，我非常建議你去改嫁，或者是找另外一個伴，這是很正常的，人都需要被照顧，不過，我所有的錢我都會放信託，你會一毛都拿不到。」我很直白

地跟她說：「因為我不知道你未來的另外一半，是為了妳？還是為了我的錢？才跟妳在一起的！」

我們是為了要保護她，才把錢放在信託裡。我覺得這才是一個男人應該思考，必須要做的事情。

這什麼世界了，你還期待你的女人為了你，守身一輩子不嫁嗎？

如果是的話，實在太慘忍了，等到她老了，她身邊就沒有可以照顧她的人，因為你的孩子長大，也會去另外組織家庭，人家可以去思考這個觀點。

如何問到「痛點」

回過頭，我要強調的是，我們知道了新的成功方程式，如何找尋你的目標群體；下一步，我就要教你，如何問到「痛點」。我列了一般人常面臨的 5 個問題，可以讓你去嘗試。

你可以先開口問他這幾個問題，不要急著給他答案：

老闆，我想請問您：萬一你離開了，你會不會擔心以下的問題？

第 1，到底我留下來的財產，會不會完整無缺地傳承給我的孩子和家人？會不會有債務和稅務問題？

第 2，萬一我不在了，到底我留下的資產，是否足夠照顧我的家人一輩子，直到孩子們長大成人？

第 3，我的孩子還小，萬一我離開了，他們未成年就繼承大筆財富，這樣會不會過早？會不會有負面影響，甚至會害了他們？到底有什麼方法能夠細水長流的照顧他們呢？

第 4，萬一我和太太都不在了，到底誰會成為我孩子的監護人，他們有能力照顧我的孩子嗎？可靠嗎？

第 5，我的生意怎麼辦？我的家人會打理嗎？我的生意夥伴會繼續照顧我家人的利益嗎？他們還會有收入嗎？

這幾個問題，都是有錢人的「痛點」。

因為他們有時候，半夜睡不著覺，都會想這個問題。

我曾經去新加坡的醫院見我一個癌末的親戚，他已經處在生命的盡頭，我當時告訴他：「我是在做資產規劃的，你還有什麼掛心不下的，你可以跟我說，我來幫你安排。」我話一說完，他馬上兩行淚就掉下來。

他說：「我什麼都有了，可是我最擔心的還是我

兩個孩子。我有留下一些錢給他們，但是我真的不知道，夠不夠讓他們長大成人？到底他們會不會運用？會不會遇到好的人？」

我當時也忍住淚水的說：「沒有問題，我們幫你看著。」

問題是，如果那個錢，真的給了他的孩子，我們能看得住嗎？我們管得了嗎？我們會不會眼睜睜看著他的孩子把錢花光，而束手無策？

所以，有錢人在臨終前，只會擔心兩件事，

第一，到底這個錢夠不夠孩子長大成人？

第二，到底我留給他們的錢，他們會不會好好的運用？

當你過世之後，你以為你的孩子和妻子是第一受益人嗎？錯！

你的第一受益人，絕對是你的債權人。包括，你的債主和稅務局／國稅局。

如果你有稅務沒有清，你的孩子永遠拿不到這筆錢，拿到都要還回去啊！

債主，是有權利去凍結你銀行裡的資產和挑戰你的遺產分配，然後要求你先清償債務，才還給家人。

所以，各位老闆別傻了！你的債主和稅務，才是你的繼承人。

同時，我要給你另外一個觀念，生意人可能你一個人就能夠做生意，但是如果是企業家，就必須要照顧你旗下每一個員工的家庭。

生意人，是一個人。

企業家，指的是數個家。

所以，企業家不好做啊！如果你做生意賺了錢，或許你可以退出江湖，好好過生活，但是你手下好幾百個家庭怎麼辦？責任更重大。

就像是我們賣保險的，當你有一天升級到代理商的層級，你覺得你還是一個生意人嗎？

你可以說：「我不做就是不做！」但這樣你肯定不是企業家！

「企業家」是除了我過得好，我還要照顧好每一個加入我組織的人，讓他們也都賺到錢，因為他們代表著，每一個家，他就是每一個家庭的一家之主。

當我們談到財富傳承，就會談到這些問題。

因此，瞭解高端客戶的想法很重要。

我們要知道他們的「痛點」，我們講的東西，他才會聽進去。

所以當我們遇到他們，我們要強調：我們不是賣

你保險，我們是賣你一個「解決方案」。

然後，你會遇到這些老闆都會這些話來質疑你：「你要如何增加我的財富？或保護我的財富？」

坦白說，我們是無法增加他的財富，但是我們可以幫他「保障他的財富」。

如果說要增加財富，通常也是他離開之後，領到了大筆的保險金，對我而言，這只是槓桿而已，並不是真的賺錢。

從馬斯洛的五大需求理論入手

另外，你也會發現，生意人非常重視「企業」和「家庭」。所以你如果很認真，想要約禮拜六、禮拜天談生意，很多大老闆是不會理你的。

而他們也會疑惑，如何創造財富，讓我的家人為我感到驕傲？

這時候，你就要跟他談到馬斯洛的五大需求理論，包括：生理需求、安全需求、社會需求、尊重需求和自我實現需求五類。

第一層／生理上的需要。

這是人類維持自身生存的最基本要求，包括食、衣、住、行各方面的基本要求。如果這些需要得不到

滿足，人類的生存就成了問題。

　　當你遇到這類的客戶，你就要跟他說：「當你不在，這個保險可以給你多少賠償金，可以讓你的後代子孫生存下去。」

　　當他們這個層次解決了，他們就會想到下一個層次。

第二層／安全上的需要。

　　這是人類要求保障自身安全、擺脫事業和喪失財產威脅、避免職業病的侵襲、接觸嚴酷的監督等方面的需要。

　　對於沒有工作的人，你賣他最基本需求的保單，如果有工作，你可以規劃好一點的配套給他，例如：包含醫療、住院補助、手術補助等等。

　　再上一個階層，他就會要求情感上的滿足。

第三層／感情上的需要。

　　這一層次的需要包括兩個方面的內容。一是友愛的需要，即人人都需要夥伴之間、同事之間的關係融洽或保持友誼和忠誠；人人都希望得到愛情，希望愛別人，也渴望接受別人的愛。二是歸屬的需要，即人都有一種歸屬於一個群體的感情，希望成為群體中

的一員，並相互關心和照顧。感情上的需要比生理上的需要來的細緻，它和一個人的生理特性、經歷、教育、宗教信仰都有關係。

這個時候，你可以賣家庭式的保單，例如：買給孩子的教育基金或者孩子的醫療保障……等等。

第四層／尊重的需要。

人人都希望自己有穩定的社會地位，要求個人的能力和成就得到社會的承認。尊重的需要又可分為內部尊重和外部尊重。內部尊重是指一個人希望在各種不同情境中有實力、能勝任、充滿信心、能獨立自主。總之，內部尊重就是人的自尊。外部尊重是指一個人希望有地位、有威信，受到別人的尊重、信賴和高度評價。馬斯洛認為，尊重需要得到滿足，能使人對自己充滿信心，對社會滿腔熱情，體驗到自己活著的用處和價值。

到了這個階層的人，衣食無虞、家庭幸福、事業有成，那他還缺的是什麼？他們談的是，我如何得到更大的尊重！像這樣的人，會喜歡做慈善、做公益，最好擺著大大的名字在上面。

再往上，就來到了無欲無求的境界了！

第五層／自我實現的需要。

這是最高層次的需要，它是指實現個人理想、抱負，發揮個人的能力到最大程度，完成與自己的能力相稱的一切事情的需要。也就是說，人必須從事稱職的工作，這樣才會使他們感到最大的快樂。馬斯洛提出，為滿足自我實現需要所採取的途徑是因人而異的。自我實現的需要是在努力實現自己的潛力，使自己愈來愈成為自己所期望的人物。

你會發現很多很有錢的人，把事業給專業經理人打理，然後他什麼都不做，他去做義工。默默地從事公益、捐錢，或者是低調的去進修。

這些人，已經到了自我實現的人生目標階段。

回過頭，我們要瞭解，如果你談「財富傳承」、「遺產規劃」，你找階層一和二的人，有用嗎？別在浪費時間了！

你的目標群體，就應該鎖定在階層三、四、五。

這些老闆很難約，但是一旦約到了，你要立刻切入重點，拿出你的專業，快速的跟他提出他想要的解決方案。

當然最好你要常常充實自己的內涵和視野，讓你更言之有物，因為這些老闆也會觀察你的言行舉止，是不是靠譜。

還有一點我覺得很重要，就是你的外表。

雖然很多人說，外表不是一切，實力才是最重要的。但是你必須要知道，這些老闆每天閱人無數，好的妝扮和沒有好的裝扮，難道他看不出來嗎？

一個人的外表，就像是你的名片，是你的形象，也能增加這些老闆對你的認同感。

最後，是耐心！像是這類的客戶，我們都需要一點耐心，等他想通。

所以我們到底賣的是什麼？

我們賣的是一種觀念、一種解決方法。

如果你問得出那五個問題，你就成功一半了！因為你敲到他的痛點，也就是你未來的賣點。

$$$ 如何賣出能解決有錢人煩惱的方案

我要教你如何銷售的技巧。

你可以依序介紹三種保存資產的方案：

第一、既無保證又不安全的方案。（資產萎縮）

如果我們有兩百萬的資產，當有一天我們離開了，不要忘記我們所有的資產會被凍結，拿來償還我們的稅務和債務。假設償還了一百萬，我們的資產就只剩下一百萬。

第二、保證無風險的方案。（資產達到平衡）

就是我們有兩百萬的資產，我們將其中一半拿去還債務，同時我們再把剩下的一百萬拿去買人壽保險。當我們過世了，我們的資產就可以通過人壽保險去償還稅務和債務，同時也能將兩百萬的資產保存下來。

第三、最理想保證安全的方案。（資產倍增）

我手上兩百萬的資產，不僅預留一百萬去償還債務，另外還買了加值兩百萬的人壽保險，這樣我的資

產不僅沒有減少，反而增加了！

三個方案講完後，我會問：「老闆，你覺得哪個方案是最符合您的需求？」

一定是第三個！資產不僅沒有萎縮，還創造財富給家人。

你可以鎖定那些事業做得不錯，但是槓桿操作頗大的，仍有負債的老闆們，他會擔心有一天如果他

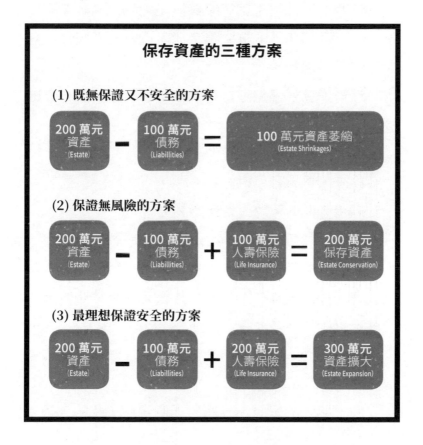

保存資產的三種方案

(1) 既無保證又不安全的方案

| 200 萬元
資產
(Estate) | − | 100 萬元
債務
(Liabillities) | = | 100 萬元資產萎縮
(Estate Shrinkages) |

(2) 保證無風險的方案

| 200 萬元
資產
(Estate) | − | 100 萬元
債務
(Liabillities) | + | 100 萬元
人壽保險
(Life Insurance) | = | 200 萬元
保存資產
(Estate Conservation) |

(3) 最理想保證安全的方案

| 200 萬元
資產
(Estate) | − | 100 萬元
債務
(Liabillities) | + | 200 萬元
人壽保險
(Life Insurance) | = | 300 萬元
資產擴大
(Estate Expansion) |

離開，到底是債留子孫？還是財留子孫？而我們推行這個觀念和方法，就是解決他的問題所在，不僅保存了，更增加他的資產，讓他留給家人 100% 安全可靠的資產，同時，我也幫助許多銷售員獲得更多的大額保單。

我希望從我的客戶遺囑裡面找到債務人。這是難得的黃金機會。

當客戶把他往來銀行的資料一列印出來，這不就是最好發現債務人的機會嗎？你可以一次過幫他做好完整的財務規劃。

然後你還要懂得把自己銷售出去，懂得說自己的故事：

首先，是讓客戶欣賞你。

再來，是讓客戶對你有信心。

最後，你的客戶才會離不開你。

今天你做這行，你一定要找出你的潛在客戶。

也許你手上已經有十個保險客戶，但是十個人當中只有一個人是你的潛在客戶，沒有關係，也許這一個就足以等於你其他客戶的總和！

因為我們的銷售服務是很深層的，而且保單的價值也是很龐大的。

我一年大約只服務五個到十個客戶，我的業績就

已經嚇嚇叫了，因為這些都是非常高端的客戶。

第二節

守富法／找出最適合保護你所有財富的方法

志言志語

所謂：財聚人聚，一個「富過三代」的家族，
肯定比「負債三代」的家族來得人丁興旺，人才輩出。

家族有錢才會有好的教育，培育出好的人才。

有錢雖然很現實，但沒錢你就必須面對現實。

$$$ 簡單的概念就能搞定高端客戶

　　如何搞定高端客戶，我設立的「Elite Venture」有定期開課，歡迎大家隨時來進修。當然我們也會邀請業界知名人士來當講師。

　　包括這位 Million Lo。

　　13 年前，我就是因為聽了他的一次分享，讓我踏入了財富傳承、資產規劃的路。

　　當時我只是一個黃毛小孩，就像是在路上遇到的每個年輕人一樣，沒有特色。甚至像是一個「難民」的模樣。

　　我剛踏入保險，我什麼都不懂，我去了一場活動，在這場活動我看到他站上臺的風采。

　　哇！就是驚為天人，意氣風發啊！

　　他說，他 18 歲的時候，什麼都不懂，後來掌握了一技之長，做到被邀請到香港公司，現在對接的客戶非富即貴，資產不是千萬就是百萬，突然間讓我醍醐灌頂，哇！這樣做保險才爽啊！這樣才是精采啊！

　　聽完他的演講，真的讓我靈光乍現！猶如閃電擊中我的大腦。

　　一直思考為什麼別人做的三、四單就有馬幣 10

萬元保費，我得要做五十二單才有馬幣 10 萬元保費？為什麼？這個問題我一直思考著！

當時，因為我們是不同公司的人，我也不可能去追隨他，我只好自己去找方法。

我覺得人的際遇也很有趣，你想做什麼，就會遇到什麼！

那時候我就遇到真正引領我入行的師傅 Mr. Gan Kim Teck。

事情過了 13 年，有一次透過朋友因緣際會和 Millon Lo 有一個餐敘。於是我跟他說：「Million，你知道嗎？ 13 年前如果沒有聽到你的演講，我不會有今天的成就。」

他也嚇到說：「真的？」

我說：「真的！如果沒有你，也不會有人知道 Jay Fu 是誰。今天我想要邀請你跟我的規劃師（Planners）分享一下，可以嗎？因為你的分享是很有用的。」

當然，現在 Million 不但是馬來西亞首席家族信託顧問師、遺產規劃師，也是馬來西亞企業投資協會會長。

他可以說是馬來西亞「財富傳承」的先驅。

當大家在談遺囑的時候，他已經在做信託了！他

定位在非常高端的資產群體。當然他現在已經不做保險了，他已經將他的團隊交給別人來管理，他現在只負責對接高端的資產人物。

儘管他現在的地位，已經是可以對接中國和馬來西亞兩個國家的政府高層，他說他對於「財富管理」依舊是非常的有熱誠。

面對這些大老闆，他展現他在資產規劃上的專業。

常常老闆與老闆之間，比的是你有幾個億，我有幾個億。但是遇到了我們就不一樣了，我們是專業的資產規劃師、信託顧問，就像是遇到醫師和律師一樣，你有幾百個億有什麼用？醫師叫你吃什麼藥，你還不是得要乖乖地吃？

所以，專業人士還是有他的價值和受尊重的地方。

這是他最激發我的地方。

如果加入我的「Elite Venture」，就有機會與這些大師面對面。

Money@Work 的四個階層

接下來，我希望能透過簡單的方式，幫你搞定高端客戶。

首先我會跟他們說：「老闆，這個世界上的人，分為四種階層。」

第一個階層，叫做「奢侈（Luxury）」，他目前過著非富即貴的生活，已經不需要為了錢來煩惱。

第二個階層，叫做「舒適（Comfortable）」，意思是目前過得還不錯，當然還是要工作的。

第三個階層，叫做「貧困（Poor）」，沒有什麼錢，每天賺多少，用多少。

第四個階層，叫做「需要救濟（Charity）」，三不五時得要靠親友救濟、給錢，才能過活。

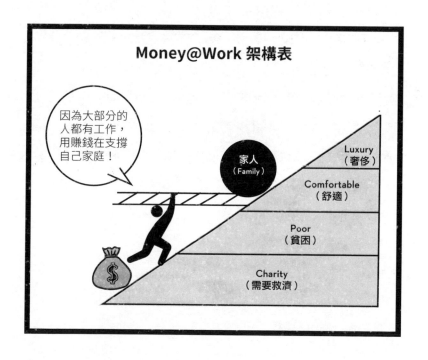

Money@Work 架構表

因為大部分的人都有工作，用賺錢在支撐自己家庭！

家人（Family）

Luxury（奢侈）

Comfortable（舒適）

Poor（貧困）

Charity（需要救濟）

在這四種階層之中，我相信你和我，甚至是我們的家人，都是屬於第二階層「舒適（Comfortable）」裡面。

為什麼我們可以舒適的待在這個第二個階層呢？因為你和我都有工作，我們有賺錢在支撐自己家庭。

但是，如果有一天，提供家中主要經濟來源的人，一旦消失了，整個家庭狀況，一定會往下掉。可能掉到「貧困（Poor）」，甚至是「需要救濟（Charity）」，需要人幫忙。

有什麼方法，可以讓我們穩固在原本的「舒適（Comfortable）」這一層呢？

除非我們開始建立一個柱子來支撐，就是我們稱之為的「Money@Work」，也就是所謂的「信託資產」，當我們有天離開了，還是有個機構可以細水長流，源源不絕地照顧我們的家人，繼續支撐家人的生活，持續在「舒適（Comfortable）」的階層。

「請問你要不要設立你的信託帳號？」就這樣，你只要述說這個簡單觀念，就能打開這扇門。

小心！資產被凍結

另外，如果你遇到一個把很多錢放在銀行的人，你就適合跟他講這個概念。

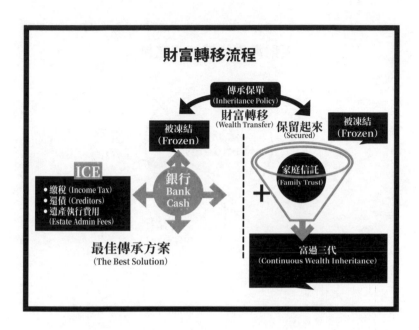

財富轉移流程

傳承保單
(Inheritance Policy)

財富轉移
(Wealth Transfer)

被凍結
(Frozen)

保留起來
(Secured)

被凍結
(Frozen)

ICE
• 繳稅 (Income Tax)
• 還債 (Creditors)
• 遺產執行費用
(Estate Admin Fees)

銀行
Bank
Cash

家庭信託
(Family Trust)

最佳傳承方案
(The Best Solution)

富過三代
(Continuous Wealth Inheritance)

「老闆，今天如果發生意外，我們上天堂了。我們的資產就會進入『ICE』，被凍結了。」

為什麼要凍結呢？因為要還債，包括：還所得稅（Income Tax）、還債權人（Creditor）、還有房地產等等的資產管理費（Estate Admin Fees）。有剩的，最後才會給家人。過程大概有半年、一年之久。

但是這筆錢，你透過一個正當的轉移，轉移到一個家族信託，它馬上就會幫你設定一個不會被凍結的帳號，這個帳號可以細水長流的照顧你的家人，你覺得會不會更好？也不需要還債？你的家人短時間之內就會被照顧到。這絕對是合法、合理的過程，把銀

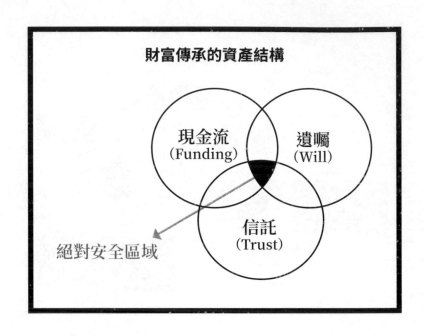

財富傳承的資產結構

現金流 (Funding)

遺囑 (Will)

信託 (Trust)

絕對安全區域

行裡的錢，透過保單，再轉信託的方式保存下來，甚至可以讓你財富可以傳承世世代代，這就是傳承的觀念。

其實對你來說，只是把左邊口袋的錢，換到右邊的口袋而已，完全沒有損失。

從這張圖你就可以清楚的知道，在現金流、信託、遺囑交界的這塊，是絕對安全的區域。

你必須要同時擁有現金流、信託、遺囑這三種，才能利用他們原本的特性，幫你解決遇到財富傳承上的各種問題。

在這裡你可以再度重述家族信託的六大好處：

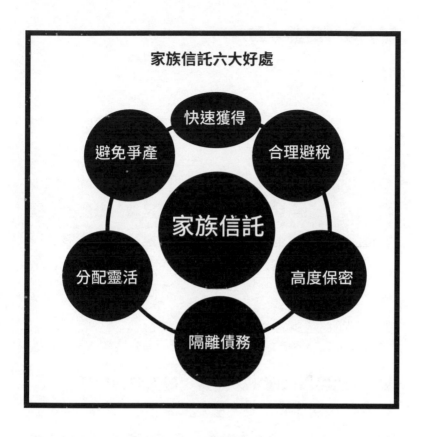

家族信託六大好處

家族信託

快速獲得

合理避稅

高度保密

隔離債務

分配靈活

避免爭產

分配靈活、避免爭產、快速獲得、合理避稅、高度保密、隔離債務等等。

志言志語

不要高估你一年能做到的事，也不要低估你十年能做到的事。

設下目標，立下決心，專注一個領域，然後埋頭苦幹，5年可以成為專家，10年可以成為權威，15年可以成為世界頂尖。

$$$ 開場白的必勝技巧

我們熟悉了上述的概念，接下來，我們開場白的談話非常重要：

當你到一些公眾場合，遇到了一些大老闆，你千萬不要一開口自我介紹就說：「我是做保險的」，就算你不怕死，也很多人不理你。不是我對保險這個行業沒信心，而是這社會依舊對做保險的行業，沒有太大的好感。

所以我建議你用我的方式試試看。

成功的開場白話術 1 ／面對一般人時的對話

問：您好！×××先生，我是來自「Elite Venture 智富財富傳承」的專業資產規劃師。我專門為客戶規劃資產，傳承財富，並通過遺囑和家族信託，完成客戶們的心願，而且能有效地避開債務和資產被凍結的可能性。這是我的名片，多多指教！

這樣他聽起來，就會很有興趣，一直以來，我是用這種方式來打開我的社交圈。

如果還有機會攀談下去，你就繼續問他！

問：先生，過去這麼多年來，請問您為家人規劃好遺囑了嗎？家庭信託呢？

回答：沒有！

太好了，繼續說……

問：過去這幾年的經驗告訴我，90% 的華人都還沒有一個完善的規劃。主要是拖延和他們不瞭解其重要性。允許我為您講解一下。

這樣你就可以講一些自身案例啦！或者，提到大家常常以為過世之後的受益人是家人，其實不是，是債務人和稅務局等。

因此，我們要繼續創造他有興趣的話題，繼續說下去。

你的問題可以接續以下幾題來發問：

1. 非常好！那你是幾時做的呢？

2. 是誰幫你規劃的呢？

3. 過去這幾年有沒有重新審察或更新過你的遺囑呢？

4. 過去幾年，您的財物有沒有增加或減少呢？

5. 有沒有想過您的遺囑裡有些條款已經不合時宜

了呢？

6. 遺囑每 5 年就應該從新審察，假設你沒做，我幫你做！

7. 你的遺囑執行人是誰呢？太太？或是孩子呢？又或者是你的律師呢？

8. 有沒有設立信託條款／避債條款／信託管理權條款等，這些都可能會帶來災難性的後果！

然後舉例說明最有吸引力。

這是發生在我身上的真實案例。

我的朋友的朋友，介紹我去幫他做遺囑。當時他生病，沒想到一年後，就離開了！當時他真的沒什麼資產，只有一間屋子和一份保險。於是我建議他：「你要不要做一個信託，至少我們可以確保你的孩子，不會把房子一下子就賣掉。」

他：「不需要了，我也沒有很多錢，沒什麼可以留給孩子！他要怎樣就怎樣了！」

坦白說，我在沒有辦法的情況之下，同時他也沒什麼錢，於是我幫他做了遺囑。但我還是建議他留些現金，買個儲蓄險，當是幫小孩存錢。

一年後，他因病去世，他的孩子來找我，同時帶了律師，因為當時是我幫他做遺囑。

後來我知道，他的孩子把他老爸所有的保單全部都解掉，連房子都賣掉了！這孩子把錢也花光了。

我要表達的是，我有沒有想盡辦法幫他做信託？有！但是沒有成功，因為他不聽。

像這樣的事情，是真實會發生的，也正在發生。

其實我們真的想要幫助照顧這個孩子，讓他生活無虞，如果當時我們可以利用信託，讓他五年內不可以賣出房子，至少現在他還有地方可以住。

成功的開場白話術 2 ／面對生意人的對話

問：先生，

1. 您的生意做得那麼成功，您有生意夥伴嗎？

2. 想請問您的太太和家人有參與管理嗎？

3. 那麼你有想像過嗎，萬一你不在，誰會幫你繼續管理這盤生意呢？

4. 他們有能力嗎？

成功的開場白話術 3 ／面對合作夥伴的對話

問：老闆，請問

1. 萬一你不在，你有想過這一盤生意要交給誰繼承嗎？您的股份將交給誰呢？

2. 如果您的生意夥伴不在？那麼他的股份又將交

給誰管理呢？

3.那麼你們有做什麼事先規劃嗎，合約之類的？

4.您家人會知道該如何處理嗎？

5.您的太太和孩子會處理生意嗎？

6.如果交給孩子們，那麼你如何能夠確保孩子們能夠不變賣生意，繼續團結一致的營運下去呢？

7.如果今天有一個方案，能夠確保您的生意可以繼續完整無缺的延續下去，給你家人繼續帶來最大收益，你願意聽聽嗎？

志言志語

《富爸爸窮爸爸》作者羅伯特·清崎曾說：

「如果你不教孩子理財的知識，將來會有其他人取代你。

其他人是誰？

也許是債主，也許是奸商，也許是警方，也許是騙子。

這些人教出的孩子，會給我們帶來多少麻煩大家都可以想像。」

$$$ 如何計算您的財富傳承基金

這個章節，我要解答很多人心中的疑惑，到底要買多少保險信託才夠？

而且我保證，如果你學會了之後，你成交的保單，再也不只是一般的兩三千，而有可能是高達三五百萬的保單。因為每個單位的計算都是有憑有據，你的高端客戶絕對會相信。

我用這個英文字「AMDELC」來代表保險信託的六個步驟。

步驟 1 ／ A，Administration Fees，執行費

人走了之後，需要一筆錢來清償資產管理費用，包括：

1. 律師費（Lawyer Fees）

2. 稅務（Taxes）

3. 執行人費用（Executor Fees）

4. 轉名費（Memorandum of Transfer，又叫「更名費」）

這個費用大約會是多少呢？預計大約是占總資產的 10%左右。

也就是如果你有 100 萬的資產，你必須要準備 10 萬元的流動現金，足以支付所有的執行費用。

步驟 2 ／ M，Maintenance Fee，生活費

這裡指：

1. 配偶的生活費（Living Expenses for Spouse）

2. 父母的生活費（Living Expenses for Parents）

3. 孩子的生活費（Living Expenses for Children）

也就是說，你打算留多少生活費給你的老婆和小孩？

我們來大約地計算一下：

1. 配偶的生活費（Living Expenses for Spouse）

   每月 3,000（馬幣）×12 = 36,000（馬幣）

   配偶今年 35 歲，能活到 85 歲的話，有 50 年

   36,000（馬幣）×50 年 = 180 萬（馬幣）

2. 父母的生活費（Living Expenses for Parents）

   每月 3,000（馬幣）×12 = 36,000（馬幣）

   父母今年 60 歲，能活到 85 歲的話，有 25 年

   36,000（馬幣）×25 年 = 900,000（馬幣）

3. 孩子的生活費（Living Expenses for Children）

我初步估計，加起來大概需要 270 萬馬幣，大約是 1,975 萬台幣。

步驟 3／D，Debt，償還債務

1. 房屋貸款（Housing Loan）：現在馬來西亞人的家庭債務，平均已經超過了 80%。假設他的收入是 10 萬元，其中有 8 萬元，是要用來還債的。也就是，整個房貸占他的總收入八成，這是很恐怖的數據，甚至超越美國。

曾經有份報紙寫到，目前有 85% 的馬來西亞人，拿不出一千元來周轉。

我看到之後很震驚，也很想跟各位說，大家還在等什麼？我們趕緊衝出去幫助更多的年輕人找一份好的工作，或許是像我們這樣的工作，讓他們可以懂得理財，可以早點脫離苦海。

除了房貸，根據統計，年輕人最大的債務就是車子了。

當然還包括下列這些：

2. 汽車貸款（Automobile Loan）

3. 個人貸款（Personal Loan）

4. 信用卡（Credit Card）

5. 其他（Others）

步驟 4 ／ E，Education Fee，教育費

在馬來西亞念大學，估計每年需要 2 萬馬幣，大概是 16 萬台幣。念三年下來，大約需要 6 萬馬幣，折合 48 萬台幣。

如果在其他國家的話，估計每年需要 15 萬馬幣（約 120 萬台幣），三年下來，就是 45 萬馬幣，等於 360 萬台幣了。

這時候，你得要問問你的客戶，有幾個小孩？打算在哪裡念書？

有些人會說，上面這些費用其實我都算好了也保留了，還有什麼需要嗎？

步驟 5 ／ L，Legacy，傳承基金

1. 創業基金（Business Startup）

2. 嫁妝（Dowry）

3. 住家首期（Down Payment for 1st House）

4. 圓夢基金（Dream Builder Fund）

5. 其他（Others）

如果你的客戶非常有錢，這時候你就需要給你的客戶一點想法，留下這筆錢不一定是生活費，或是

教育費，或者用來還債，其實你可以給你的子孫一個更好的未來，像是創業基金。你如果一次給了你的子孫，他們可能不知道如何運用，但是如果你設立的一個信託，有一天你兒子想要創業了，他就有資金來源；或者，你的孫子也想創業，也有了資金來源，大家世世代代都會想起你給他們的資助。

當然也有可能他會說：「好吧！那我就準備了一筆錢好了。」

這時候，你得要加緊說：「你直接放一筆錢，也沒有做到槓桿，也沒有賺頭，不如你買我們的保單六年期，假設一年 4 萬元，六年就是 240,000 元，期滿領回，如果這段時間有什麼意外，你的子孫還可以領到 480,000，等於多了一倍。」

通常這樣說，大家都會覺得無損失又還本，肯定拿的到，就會跟你買保險了，同時說服他加買信託。

同時，我也會在信託裡頭註明，你每一個孩子假如要創業，都可以從信託裡拿出 100 萬元。我強調的是，面對那種非常非常有錢的客戶，你就必須要勾勒出美好的畫面去吸引他。

因為這類的客戶銀彈已經非常充足，根本不在乎這些，但是你就要告訴他：是的，我知道你很有錢，但是你不能保證你的子孫會很好的管理和運用，如果

你把資產放在信託裡，我保證你的資產會得到很好的保障，你的子孫也能好好的運用，用在對的地方。

不管是要創業、嫁妝、房屋頭期款、圓夢等等，為你的客戶創造美麗的畫面，這些都可以成為當事人為後輩做保險信託的緣由。

步驟 6 ／ C，Charity，慈善

這幾年，我發現慈善事業很興盛。幾乎有讀過書，有賺到錢的，他們都不介意將他們資產的 10% 捐出來做公益。當然，華人還是華人，是不可能裸捐，也就是把資產 100% 捐出去的，像是外國人，很多人是 99% 的捐出去。

很多華人會覺得，做慈善可以，捐出 10% 或 20% 也可以。這時候，你就可以加緊追問：「你有打算做慈善信託嗎？如果有，每年的預算是多少？還是一次性？」

假設一年捐出 1.2 萬元，十年便捐出 12 萬。積善之家，必有餘慶，為家人種下優良家族文化。

就像是我創立的「Elite Venture 智富財富傳承」工作室的口號：

財富傳承，民富國強；積善之家，富過世代。

當一個國家的每一個家族，都不斷地累積財富，傳承財富，這樣的國家當然會愈來愈強盛囉！

所以懂得財富傳承的國家，一定會民富國強。

華人窮，是有原因的。

即便我們有上千年的文化，但是我們傳承做得很爛，很多以前的高官顯要大富大貴，但是到現在也都無疾而終，也沒有辦法培養出一個很好的接班人。

如果我們有很多內亂，惡性循環，這個國家怎麼會富強？

積善之家，是什麼呢？

當一個家族有錢了，他又懂得塑造優良的傳承文化，透過設立的慈善基金，讓他的後代們知道 —— 錢，我們只是暫時保管著，雖然我們創造了很多的財富，但是這個錢不是我們的，我們需要為這個社會培養出更多的優秀後代，甚至是創造出更多的財富來幫人。

你認為，這樣的家族還會有銅臭味嗎？還會爭權奪利嗎？

所以很多時候，孩子們爭產糾紛，是父母造成的。因為父母在他小時候，就讓他看到唯利是圖，去搶回來才是自己的。

所以，華人的傳統思想，造成了我們的窮。

我們是不是總是聽到父母說：錢很難賺啊！不要亂花啊！

當你覺得錢很難賺，你這輩子就會賺得很辛苦。

有錢人的家庭教育，就會教育孩子，錢是很好賺的，只要你眼光放遠，投資放對，錢就很好賺。

所以，人有錢，沒錢，這是觀念造成的。

投資人生兩件事：有事跟沒事

總結一下，AMDELC 就是要你精算一下，包括：執行費、生活費、債務、教育費、慈善基金等。

讓我再來強化一下你的觀念和說詞，人生只有兩件事，就是有事跟沒事。

有事（人過世了），我就賠你 100 萬，你可以設定你的下一代如何運用。

沒事，你就拿回你的本錢，當作你的退休金，退休養老。

我們賣保單，不要讓人覺得是供一世人，這樣很多人會腳軟，會退卻。

假設你到了 70 歲保單又到期，你的孩子們也已經飛黃騰達，過的已經很好了，那你就可以考慮把這筆保費領出來，自己用就好，安安穩穩養老。

但是如果那時候，你還是非常有錢，不妨把這筆

錢留下來做傳承的基金也可以，全看你客戶的狀況而定。

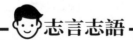志言志語

財富傳承就是家族的規劃藍圖！

國家需要藍圖，企業需要藍圖，您的家族也需要藍圖。

第三節　守富情

投入你的情感，
你將看到不可思議的收獲！

$$$ 華人富不過三代的血淋淋案例

「華人富不過三代，是華人的宿命嗎？」新加坡的「楊協成」，就是一個例子。

「楊協成」一開始，只是一家以生產醬油和醬清起家的小醬園。後來跨足飲料市場，是亞洲第一個製作利樂包飲料的企業，並且在新加坡及馬來西亞股市上市。

創辦人楊景連老先生，祖籍福建漳州。他只受過 4 年私塾教育就離家到醬園當學徒，19 歲就當掌櫃。

37 歲那年，他因為孔子的一句話：「四十、五十而無聞焉，斯亦不足畏也已」，決定用 40 元的積蓄，頂下一家叫協美號的店，在 1901 年成立「楊協成醬園」，取名為「楊協成」，象徵著「楊」家同心「協」力，就能「成」功。

楊景連育有 5 名兒子，分別是楊天恩、楊天賜、楊天求、楊天華和楊天成。

長子楊天恩從 22 歲，就幫忙父親管理醬園的業務。只是當時中國局勢動盪不安，他就帶著兒子楊至傑在 1938 年到新加坡，租下歐南園的地段設廠。

楊協成經歷了二次世界大戰，並在家族成員的團

結一心經營下，打造了在新加坡和馬來西亞地區無人不知的品牌。

80 年代是楊協成的全盛期。

除了進軍美國超市，還投資養蝦業，之後在廣州投資，是中國開放後最早的外資。

不過，遇到了經濟不景氣，造成楊協成投資失敗，導致 140 萬新加坡幣的財政赤字，楊家成員開始出現紛爭。

「楊協成」的第二代楊天恩在 1985 年去世，楊協成交由第三代楊至耀擔任公司董事。

儘管 1986 年新加坡的經濟差，但楊協成在 1988 年還是向證券業進軍，更在北美洲的加拿大設立子公司。

公司不斷向外拓展業務，但公司內部早已醞釀紛爭，大約是在 1986、87 年開始的。

因為公司帳目鉅額虧損，家族成員開始鬧不和，有人開始退出董事部。

1994 年楊協成歷經大改組、永泰控股的收購風波，楊家兩派人馬還鬧上法庭，一派人馬要楊至耀下臺，而楊至耀則申請禁令及解散楊協成控股公司。

同一個時間，地產大王黃廷方及馬來西亞金融界企業大亨郭令燦，則不斷從市場上累計股票。

法院在 1994 年 7 月批准解散的申請後，黃廷方所委任的人士在 8 月進入董事部，楊至耀在 10 月退休，楊氏年代宣告結束。

守富情／投入你的情感，你將看到不可思議的收獲！

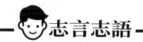志言志語

財富可以凝聚一個家族，也可以解散一個家族。

在金錢和親情面前，勝利的往往都是金錢。

家族信託可以把財富管理條規清清楚楚寫明，以避免錢財糾紛。

避免問題，總好過解決問題。

$$$ 攻無不克的商業話術

　　你如果想要開始好好經營「財富傳承」，你就必須好好熟練下列這些話術。

　　我一直強調，對這些商人，你一定要先知道他的「痛點」是什麼？

　　你要怎麼樣讓他有共鳴？

　　記住做生意的人，一定會舉債，所以提到債務，一定是他的「痛點」之一。

　　然後你再不斷的灌輸他，弄一個防火牆，隔開你的債務，你的家人才有保障。

　　在開始之前，首先你必須要知道「什麼東西」決定一間公司的價值？

　　其實，不外乎這幾樣，包括：他的聲譽、他的管理層能力、他的生意額、他的流動資金、它的最高領導層靈魂人物、銀行，供應商，客戶對他的信心。

從掌握流動資金與靈魂人物下手

　　其中，「流動資金」這一項，幾乎是一個公司生死存亡的命脈。

　　2008 年，我有一個客戶，他辦公室的隔壁是一

間在馬來西亞上市的企業，專門在做辦公室裝潢。我每次去找他，都會經過這家公司，我就心生羨慕，從門面、規模來看都是數一數二，我多麼希望能夠做到他們家的生意。

2009 年的某一天，我突然看到報紙上寫這家公司倒了。

後來我才知道，2008 年之前，這家公司在中東生意做很大，當時的杜拜正在發展，有很多企業設點，需要辦公室裝潢，因此他們就承攬了很多這樣的生意。但是不幸遇到了金融風暴，杜拜很多企業倒閉，人去樓空，他收不回現金，連帶的也跟著倒了！

所以，對一家公司來說，雖然營業額很重要，但是「目前手頭上有多少現金（Cash Flow）」更重要！

還有這家公司的靈魂人物，往往也決定了這家公司的品牌與銀行、供應商對他們的信任。

以上這些觀念你懂了，那麼你就可以繼續跟你的高端客戶談下去。

或許，你的客戶思想有點古板，會反感你幹嘛沒事提這個，觸霉頭？

但是我始終相信，棺材是裝死人的，不是裝老人的。

第三節

守富情／投入你的情感，你將看到不可思議的收穫！

意思是，你現在不提，不表示未來不會發生，你更應該及早做好準備。

15 個有效的商業話術大公開

現在，就請你熟練、融會貫通這些「話術」，讓你攻無不克，戰無不勝。

- ➤ 如果其中一個公司的靈魂人物不在了，這些公司肯定都會大受打擊，公司的價值肯定大跌，難道那時候你才來決定要把它出售嗎？這不是虧大本嗎？

- ➤ 原本支持我們的銀行，客戶，供應商，變成不再支持了，因為信心問題，人心惶惶，這是人之常情。

- ➤ 公司員工信心低落，股東方寸大亂，心情低落，公司元氣大傷，業績肯定大大受打擊！

- ➤ 客戶下了訂單，可能交不了貨，人手不足，公司沒有接班人，可能還會面對官司和賠償呢！

- ➤ 孩子們還沒有來得及接班，困難的挑戰排山倒海接踵而來，根本來不及應付！

➢在這樣的情況下，最終他們也只好放棄繼承生意。

➢如果生意夥伴是專業執照（工程師等等）問題可就更大了。

➢公司的註冊可能被吊銷，客戶對我們的信心也嚴重受影響，到最後公司可能收盤！

➢如果公司這時候有貸款，銀行可能要求新加入的股東做擔保人，你會願意你的家人成為擔保人嗎？

➢他們可是對你的生意一竅不通，這風險可是很大的！但是如果不加入，銀行資金凍結，問題可就更嚴重了！所以這個是進退兩難！

➢有限公司的股份如果要變賣，是很難的，除非把整間公司賣掉。到時候，你可能被迫把公司的價錢壓到非常低，才有可能賣出，這對你家人的損失可說是雙重打擊呀！

➢有些夥伴會把生意往外轉移，最後原本的公司只剩下空殼，到最後變成一文不值！

➤ 股東買賣合約就像是一個紳士的合約，在災難發生之前，做好紳士的談判合約，一致的價錢，對雙方都好。

➤ 一旦其中一方離開了，大家的家人還是朋友，不會為了錢而傷感情，那不是很好嗎？

➤ 過去的經驗告訴我們，大多數股東生意在其中一個夥伴離開後，都會大受打擊，收盤下場，甚至對簿公堂。不要帶著僥倖的心態，認為這一切會與我們無關，我想，儘早做規劃，還是上上之策！

志言志語

「我凡事必有充分的準備然後才去做。一向以來，做生意處理事情都是如此。例如天文臺說天氣很好，但我常常問我自己，如5分鐘後宣佈有颱風，我會怎樣，在香港做生意，亦要保持這種心理準備。」

——李嘉誠

$$$ 華人家族信託的經典案例

家族信託從誕生到大陸逐步引進，都罩著神祕的光環，我們從公開資料瞭解到的家族信託案例大都是設立在香港、臺灣甚至是境外其他國家的離岸信託架構，現在就為大家分享幾個典型案例。

案例 1 ／香港某富商

香港曾有一位富商，簽署了一份 1,000 萬港幣、為期三年的信託，受益人為 10 歲的女兒。未料，兩年後，該富商的企業經營不善，資不抵債，面臨破產。在清算時，發現該富商曾有一筆 1,000 萬港幣資金轉出，經調查，發現這筆錢變身一個信託，受益人是他的女兒。因此，債權人無法追償信託中的款項，如今，三年已經到期，信託已轉為現金劃至女兒名下。富商就是靠這筆信託重整旗鼓，東山再起。

案例充分展示了家族信託在實現企業財產和家庭財產有效隔離方面的功能，不僅如此，家族信託還可以為未來積累穩定的現金流。

第三節

守富情／投入你的情感，你將看到不可思議的收獲！

案例 2／梅豔芳的家族信託

　　梅豔芳通過遺囑方式設立家族信託，將自己兩處物業贈予好友劉培基，預留 140 萬人民幣給 4 名外甥及侄女作教育經費。剩餘的房產、現金等資產（信託財產）委託滙豐國際信託有限公司（受託人）管理，每月支付給母親覃美金（受益人）約 7 萬元作為生活費直至母親去世。信託檔中還特別指明，直至覃美金去世，家族信託所有資產會扣除開支捐給妙境佛學會。

　　2004 年初，梅豔芳的母親覃美金一直堅稱，梅豔芳是在神志不清的狀態下簽訂遺囑，故法庭應判遺囑無效，希望獨得億元家族信託財產。向法院提起訴訟後開始了這場遺產之爭。2006 年 3 月和 2007 年 8 月，梅豔芳的哥哥梅啟明和母親覃美金又將遺囑執行人、主診醫師、遺產受益人一併告上法院，質疑三方串通欺騙梅豔芳立下遺囑竊取其遺產。對於梅家的控告，三被告堅稱梅豔芳立下家族信託時神志清醒，不把遺產交給母親打理，是因為擔心母親不善理財，花盡遺產後生活無依。

　　2004 年到 2011 年的七年多來，梅豔芳的母親覃美金多次上訴，屢告屢敗。2011 年 5 月 10 日，香港高院下達終審判決書，梅豔芳的母親覃美金再次敗

訴，財產繼續由信託公司管理。

案例有力地說明了繼承人的繼承權不能夠對合法設立的家族信託產生影響，委託人的意願可以通過家族信託來得到貫徹。而且對於無力打理財產的繼承人，家族信託是一種能更好保護他們遺產的安排方式。

案例 3 ／吳亞軍、蔡奎家族信託

2012 年 11 月 20 日，上市公司龍湖地產董事會主席，中國女首富吳亞軍離婚案，為中國家族企業利用信託處理同類事件樹立了一個範本。

在當時，764 億港元的市值公司，與價值 577 億港元的身家分割，龍湖地產的估價在這場離婚案中並未受到太大影響。

原來早在 2008 年 6 月龍湖地產公司上市之前，吳亞軍與其丈夫蔡奎便已透過滙豐國際信託，各自設立了一個家族信託，將即將上市的公司股權分別轉移其中。

吳亞軍與蔡奎先在開曼群島上註冊了龍湖地產的空殼公司，龍湖地產的股權由兩家註冊於英屬維京群島的公司持有，分別為「Charm Talent」以及「Precious Full」。

之後，吳亞軍與蔡奎在英屬維京群島又註冊了一個名為「Long For Investment」的公司，該公司股權由龍湖地產 100% 控股。「Long For Investment」收購了嘉遜發展的全部已發行股本。這一部分正是吳亞軍打算用來上市的資產。之後，又將股權分別以 19.2 億港幣和 12.8 億港幣的價格轉讓給「Charm Talent」和「Precious Full」。至此，信託架構初步形成。

吳亞軍和蔡奎將滙豐國際信託列為受託人之後，開始著手將各自的股權轉讓給滙豐國際信託的全資子公司。滙豐國際信託的分支機構幾乎遍布世界，尤其是在澤西、開曼、維爾京群島等離岸金融中心上。

吳亞軍將「Charm Talent」所持有的所有嘉遜發展的股份全部轉讓給滙豐國際信託在英屬維京群島註冊的全資子公司「Silver Sea」。而蔡奎也將「Precious Full」所持有的全部嘉遜發展股份轉讓給滙豐國際信託在英屬維京群島註冊的全資子公司「Silverland」。

這兩次轉讓以零代價的饋贈方式進行。信託成立之後，吳亞軍和蔡奎都不再直接控制龍湖集團的股權。

案例說明將股權放置於家族信託中，有利於股權架構的穩定。無論公司實際控制人的身份性質發生了

何種變化，公司股權最終都需要通過家族信託匯於一體產生效力，這在一定意義上保障了股東行動的一致性，防止因離婚或者繼承等事件發生引發股權分割從而給公司帶來的損害。

案例 4 ／穆里耶茲家族的傳承

穆里耶茲家族（Mulliez）是法國家族企業中的傑出代表。該家族不僅創建了世界上最大的零售企業之一，還開創了一套獨特的家族風險投資模式，成功地讓企業家精神在四代成員的血液中流淌。

路易斯．穆里耶茲（Louis Mulliez）在 1900 年白手起家，成立了一家名叫「菲爾達」的小紡織廠。在 1903 年，他的大兒子吉拉德．穆里耶茲也加入了公司，當路易士的二兒子於 1946 年加入公司零售部時，菲爾達品牌已因織料和縫紉的水準而聞名。此時公司開始通過設立特許加盟店的方法拓展銷售網，第一家加盟店在 1956 年開張。到上世紀末，菲爾達已成為世界頂尖的紡織品銷售商，在各地擁有大約 1,500 家門店。

在菲爾達，吉拉德．穆里耶茲累積了零售業的經驗，他從未完成過高中學業，全靠自學成才。1961 年，29 歲的吉拉德．穆里耶茲決定自立門戶，他

在魯貝市開了一家雜貨店 —— 這就是零售帝國歐尚（Auchan）的起源。

諷刺的是，第一家店以倒閉告終。但穆里耶茲家族很樂意再給吉拉德一次機會，不過這次要求他在法國北部開一家超市，且必須在三年內成功。在愛德華・勒克雷爾（Edouard Leclerc，前牧師，後來 E.Lecler 零售集團的創始人）的啟發下，虔誠的天主教徒吉拉德這次採用了折價加自主服務的經營模式，立即取得了成功。在第一年，歐尚獲得了 1,000 萬歐元的收入和很高的利潤。在 30 年內，歐尚成長為法國頂尖的零售商，並成為一家跨國公司。

今天，歐尚在 12 個國家開展業務並擁有 17.5 萬名員工。

與此同時，吉拉德・穆里耶茲的後代也在其他領域取得了驚人的成功：體育用品零售商迪卡（Decathlon）、餐飲服務商 Flunch 和 Pizza Pai、建材零售企業 Leroy Merlin、家用電器零售商 Boulanger……等等。今日，穆里耶茲家族擁有的企業雇員高達 36.6 萬人，年銷售額超過 660 億歐元。

家族的第一代，路易士・穆里耶茲有 10 個兄弟姐妹，而他本人有 13 個孩子。到 2011 年，穆裡耶茲家族共有 780 個成員，其中 550 人屬於穆里耶茲家族

聯合會（the Association Famille Mulliez，AFM）。

　　所有成員都需要向家族證明他們的價值。在創立新企業或加入 CIMOVAM（所有家族企業的控股公司）下任何一家企業前，他們都需要接受嚴格的訓練。訓練從 22 歲開始，由 Antonine Mayaoud（老路易士・穆里耶茲的孫子，綽號「人力資源先生」）主導。

　　這項訓練也是穆里耶茲家族的獨特之處之一：相對於頂級商學院，他們更傾向於家族內部的督導。在通過訓練並經 AFM 監事會批准之後，家族成員被允許加入 AFM，並獲取他們在 CIMOVAM 中的股份。也只有在此之後，他們可以為自己的專案或新創事業尋求家族財務和智囊團資源的支持。

　　家族設立了一個名為「CREADEV」的私募基金來支持家族成員的創新行為。因為抵觸投機和股票市場，家族的企業一般通過內部融資解決財務問題，吉拉德的一個兄弟——安德魯——曾稱股票市場為「公司賣淫」。另一方面，家族認為金錢應該用於生產再投資，因此在歷史上，家族企業分紅水準一直很低。

　　百年來，穆里耶茲家族為其旗下企業發展做出了獨一無二的貢獻：

　　第一，穆里耶茲家族將自己秉承的價值觀融入

到企業經營之中。家族信條「百萬一心（Tous dans tout）」反映了諸如團結、繼承家族傳統、對後代負責等核心信念。作為一個天主教家庭，家族的觀念也源自天主教，諸如食利不可取，應靠自己的勞動生活；財富來自勤奮工作，由此帶來的不平等也是自然法則等等。這些觀念衍生了一套非常嚴格的工作紀律和精英主義的價值觀。

第二，家族以系統化方式在新一代家族成員中培養和發展企業家精神。正是這一舉措使得家族能不斷創立新公司和新銷售鏈。

第三，百年成功商業經營帶來的經驗和聲望使得家族成為一個極其強大的平臺，不管是對發展現有企業還是對創立新企業而言都是如此。最後，龐大的家族規模提供了豐富的人才庫。相比而言，規模較小的家族往往匱乏既有興趣又有能力繼續經營家族事業的後繼者。

這一切令人驚歎：家族成為企業戰略的基石；家族資產藉由種種治理機制，如對新一代成員進行企業家的內部培訓、族內私募基金等不斷轉化和增長；家族信條「百萬一心」通過家族成員共有同一套資產組合來貫徹，即使不同成員分管著企業集團的不同部

分。

在世代交替中，穆里耶茲家族也面臨著一系列的障礙，最大的問題來自於家族規模擴張過快。如何團結近 800 名家族成員，使他們為家族利益奮鬥是個很大的問題。問題包括：如何在家族財富的使用上維持平衡，既要不斷投資於新事業，又要發放足夠的紅利，使得不斷增長的家庭成員都能維持體面的生活；如何為家族內最具天賦的企業家提供足夠的激勵，又不至於犧牲其他成員的利益；如何吸引新一代的家族成員，使他們為了穆里耶茲家族的利益而從商。

為了解決這一問題，穆里耶茲家族規劃了一個獨特的家族管理機構——穆里耶茲家族聯合會（AFM）。AFM 最重要的任務之一，是確保家族利益置於個人野心之前。AFM 委員會在旗下各獨立公司董事會均有代表。第二，作為一項原則，家族成員持有控股公司股票而非具體公司股票，每份 CIMOVAM 公司的股票都代表對所有家族企業股票的持有。這樣使得每個成員的利益都和家族牢牢綁在一起，那些經營短期內業績平平公司的家族成員也不致被隔離在家族福利之外。

穆里耶茲家族的成功表明，家族可以通過一套合理的治理體系，將家族和家族企業牢牢捆綁在一起，

第三節

守富情／投入你的情感，你將看到不可思議的收獲！

使家族貢獻成為家族企業戰略的核心，並在彼此間實現資源互補，共存共榮。

案例 5 ／台塑集團的傳承

王永慶是靠白手起家的典型，他生於 1917 年，是臺灣北部一個貧苦茶農之子，雖然他很好學，但小學畢業後，就不得不去一家米店作學徒，時年 15 歲。

一年後，靠自己的積累和父親從親朋好友處募來的 200 元臺灣銀行券（約合現在 1,000 美元），王永慶開了家自己的米店。為了擴大他的生意，王每天比他的同行多營業四個小時，最後終於成為當地生意最好的米店。二戰期間，米店被迫關門，王轉向了木材生意。1954 年，王永慶和他的弟弟王永在創辦了台塑集團── 一個新時代從此拉開序幕。

一開始，台塑集團可謂是世上最小的 PVC 工廠。兩年後，台塑開始向下游發展，並建立了南亞塑膠工廠。經過 50 年的發展與擴張，台塑集團在臺灣、美國、中國、越南、菲律賓和印尼都成立了工廠，雇傭人數超過 90,000 人，並且是臺灣地區最大的私營企業。

王永慶和他的弟弟對台塑的發展貢獻無可替代。在臺灣，王永慶有「經營之神」的稱號，並且是國民

偶像。他將一生都投入在經營中，直到 92 歲去世為止。王永慶原則性極強，工作極其刻苦，對成本錙銖必較，並親手規劃工作的每一個細節，他的格言就是「追根究底」。王氏兄弟將這種精神和價值觀傳遞給了下一代，他們的很多後代也因此成為成功的企業家。

王氏家族擴張很快。王永慶本人有三個妻子，共生下兩男七女，另外還有三個私生子。他的弟弟有八個孩子，因此家族的第二代有 21 人，有些為自家公司工作，有些則自立門戶。

王永慶花了三十年的時間來準備企業傳承，他需要面對的不僅是複雜家庭帶來的人際衝突，還有高達 50% 的遺產稅。如何讓企業帝國永續經營，是他考慮的重中之重。最後，他規劃了一個複雜的所有權結構，讓所有權和管理結構集中統一，這使得整個企業集團可以持續經營，不致分崩離析。

整個台塑集團擁有十家上市公司，包括四家核心公司：台塑、南亞、台化、台塑化。這四家公司彼此交叉持股，並以此為核心，通過金字塔型持股，控制了更大的企業集團。與很多家族企業不同，台塑集團的最終控制權不是留在家族中，而是留在一家慈善機構：長庚紀念醫院。醫院於 1976 年成立，用以紀念

王永慶的父親王長庚。留給長庚醫院的股票是不可轉讓的，帶來的分紅也只可用於慈善而不可分配給任何個人。根據法律規定，醫院由董事會管理，成員包括五名成員、五名社會賢達（大部分和王氏家族關係緊密）和五名專業人士（醫院工作人員）。

王永慶也沒有將管理權交給他的任何一個孩子。相反，在 2006 年，創業兩兄弟將管理權移交給了一個七人戰略委員會（2002 年成立），委員會包括王永在的兩個兒子，王永慶的兩個女兒和三名職業經理人。

王永慶死時沒有留下遺囑，這讓人們非常困惑：沒有遺囑的情況下，對遺產的爭奪不僅對家族和諧還是公司經營都會帶來嚴重障礙。王永慶生前擁有約 55 億美元的財富，在去世時，是世界第 178 名，臺灣第二的富豪。他的遺產稅率高達 50%。稅後剩下的財產，會在他剩下的兩個妻子、九個婚生子女和三個私生子之間爭奪。王永慶或許知道，無論他留下怎樣的遺囑，複雜的家庭結構終會帶來一場紛爭。

在他死後公佈的一封寫給子女的信裡，他說：「財富……並非與生俱來，同時也不是任何人可以隨身帶走。……生命終結，辭別人世之時，這些財富將全數歸還社會，無人可以例外……。」

也許，在全力保證公司的持續經營後，王永慶選擇了將財產分割的問題留給法院。

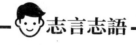志言志語

隨著當前個人及家庭財富的迅速增長，

財富保障與傳承已成為社會化的需求。

通過家族信託，可以將財產繼承、企業傳承、離婚分產、

遺產爭奪、二代敗家等種種風險迎刃化解。

而「家族信託」時代的開啟，將終結「富不過三代」的魔咒。

第三章

傳富之道

傳承是每個人生命中，
都要好好思考及規劃的關鍵！

第一節　傳富理

有理走遍天下，
無理寸步難行！

$$$ 有錢人其實只想這兩件事⋯⋯

其實，有錢人只擔心兩件事情：

「一個是如何賺更多的錢？」

「一個是如果我走了，我的子孫分得到財產嗎？」

我常跟我的大客戶開玩笑：「如果你還不擔心，表示你還不夠有錢！」

所以我都會跟來聽我課的保險同業說：「遇到有錢人，千萬不能跟他談保險，你要知道，他的保險專員一定有一長串，你如何做得跟別人不一樣？」

「所以你不能跟他談保險，你要跟他談傳承，如何將他的資產保護好，不會被凍結，也不會被後代子孫敗壞掉！」這些才是有錢人想聽的！

第一節

傳富理／有理走遍天下，無理寸步難行！

$$$ 要達到目標，你一定要 BHAG！

什麼是 BHAG？就是 Big、Hairy、Audacious Goals，翻成中文就是：「目標要遠大，要艱難。」

我們不應該短見勢利，我們應該要更深遠的從「傳承」的觀點去切入，去實現你在保險事業上，所應該賺到的尊嚴，賺到的夢想與目標。

過去不等於未來！

能夠複製的「方法」，才算成功

在這段時間裡，有很多頂尖業務員還特別來上我的課，就為了學習新的思維，來更貼近大客戶。

我忍不住想問，今天如果有一個方式，能夠讓你更貼近這些高端客群，讓你離你的目標更近，你會願意來學習嗎？

我相信答案是肯定的！

我沒有做過 COT（英文：Court of the Table，即優秀會員）及 TOT（英文：Top of the Table，即頂尖會員），但是我複製過數十個 MDRT。

我喜歡帶團隊，搞組織，不是要單打獨鬥。

在我拿到了 MDRT 之後，我並沒有想要再多拿一

個 MDRT，因為這沒有意義，還不如，我複製出五個 MDRT 之後，這五個還會多複製五個出來。

你們要知道自己的最終目標在哪裡！

我做保險不過才 13 年的時間。這段時間，我看過許多領導者，不斷的創造高峰，但是創造高峰之後，只有他一個人獨享榮耀，這不是我要的，我喜歡分享。

我要表達的是，你們可以去追逐你們的夢想，或者，你們希望把團隊、組織壯大，與此同時，都必須要思考者，這些方法是可以複製的嗎？

不能夠複製的「方法」，就不是好的方法！

能夠複製的「方法」，就算再簡單，都算成功。

保險是世界上最好的「傳承工具」

你知道嗎？

目前世界上最大的保單，是一單 2.1 億美金。是為了規劃遺產稅。

而大部分的 COT 和 TOT 都是用財富傳承的觀念來拚業績。

保險信託，絕對是千萬保單的祕密武器。如果你可以掌握它，對你的保險事業一定會加分不少。

再來就是，唯有保險，才能夠讓你的財富萬無一

失，甚至瞬間翻倍。

我遇到很多客戶跟我說：

「保險不需要了！我已經很有錢了！」

「我的錢已經足夠養我的孩子，下半輩子。」

我總會回問他一句話：

「老闆，你過去累積了這麼多財富，總共用了多少年的時間？」

「10 年？ 20 年？還是 30 年？」

「但是你的孩子要跟你累積一樣的財富，你覺得要花多少年的時間？」

「30 年都未必可能做到！」

「但是今天我可以為你打造一個事業王國，不需要 30 年，只要一年的時間，瞬間讓你創造出一倍的財富，你覺得ＯＫ嗎？」就算到了他過世的那一天，也不可能實現。

所以，保險是不能用投資工具來比較的產品。

這就是為什麼，保險是世界上最好的「傳承工具」。

千萬不要低估「財富傳承」的力量

根據我周遭的經驗，要做到 MDRT 是可以用一單來完成的，當然，大前提是你得要找到一個大客戶。

我希望你能夠好好的想一想，你最遠大的夢想是什麼？

接下來，寫下這一年來，你要賺多少業績，未來三年，你要賺多少，一年比一年更多。順著這個目標去思考，我需要找怎麼樣的客戶？我要怎麼樣切入？

你千萬要記住一件事情。

不要高估你一年能做的事，也永遠不要低估十年能做到的事。

不要以為你上完我的課，看完我的書，你的業績會翻倍。

這是很罕見的！

除非你領悟力異於常人，你的執行力非常厲害。

也不是說沒有，但我相信，大部分的人，還是需要一點時間。

但是你千萬不要低估，這十年裡，財富傳承可以幫你創造出多少業績。這可能是你我都無法想像到的。

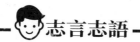
志言志語

何謂夢想？夢想就是一個會讓你廢寢忘食、
熱血沸騰、永不言累的目標。
家族財富傳承聯繫著一個家族的夢想，
讓大家共同為實現家族遠景努力奮鬥。

$$$ 「富不過三代」非華人宿命

　　當一個家族累積了一定的財富，無論喜不喜歡，他都必須面對財富傳承的問題。世界上有個赫赫有名的洛克菲勒家族，至今已經傳承第 7 代，並創辦了 2 間世界級大學，培育了超過 126 位若貝爾獎得主，在世界各地成立了 70 個慈善基金會，而且家族財富持續壯大，子孫滿堂，共欣共榮，也成為了世界富豪們的財富傳承典範。

　　這些年裡，我總會遇到許多企業家對我說：

　　「財富傳承規劃？我沒什麼財富啦，簡簡單單處理就好，用不著大費周章。」

　　「我已經立寫遺囑，萬一我不在，我所有的財富和企業就平分給我的孩子們，讓他們自己去處理吧，船到橋頭自然直，擔心不了那麼多！」

　　但家族財富傳承，真的是那麼容易一回事嗎？

　　美國人說：從白手起家到兩手空空需經歷三代。

　　巴西人說：爹富子貴孫子窮。

　　墨西哥人說：老子商人兒子紳士孫子乞丐。

　　中國人說：富不過三代。

　　不同的語言表達了相同的挑戰：財富傳承並不易！

全世界富豪家族八成來自家族企業

　　自世界第二次大戰結束後，馬來西亞歷經 50 年的蓬勃發展，許多華人創一代和創二代企業家，已經來到了家族企業和財富傳承的重要關口。過去馬來西亞創業多是來自中國南下南洋白手起家的企業家，隨著 70、80、90 年代大馬經濟騰飛，造就了另一批土生土長的華商企業家，數十年的打拚讓他們累積了大量的財富，當中大部分已經年過半百，如今，如何有效的把傳承財富給下一代成為了他們主要的挑戰。

　　一個家族如果能夠成功把企業傳承給下一代，並持續經營，就能達到財富傳承的目的。根據韓國銀行發表的《日本企業長壽的祕密及啟示》報告書顯示，日本擁有 3,146 家歷史超過 200 年的企業，為全球最多，更有 7 家企業歷史超過了 1,000 年。排在世界最古老企業前三位的都是日本企業。

　　日本東京商工研究機構資料也顯示，全日本超過百年歷史的企業竟達 21,666 家之多。89.4% 的日本百年企業都是員工少於 300 人的中小企業，多以家庭為單位經營。經營範圍大部分是製作食品、酒類、藥品以及與傳統文化相關行業。這證明了日本企業家在傳承方面做得非常不錯。

　　在歐洲，超過 200 年歷史的長壽企業也不少：德

第一節

傳富理／有理走遍天下，無理寸步難行！

國 837 家、荷蘭 222 家、法國 196 家。

「富不過三代」真的是華人企業的詛咒？

令人吃驚的是，一直令我們中華炎黃子孫所驕傲，擁有 5 千年文化滔滔大國 —— 中國，現存超過 150 年歷史的老店竟只有 5 家！分別是成立於 1538 年的六必居、1663 年的剪刀老字型大小張小泉，加上陳李濟、廣州同仁堂藥業以及王老吉三家企業。

放眼世界各地華人家族企業，成功傳承三代以上的企業也是鳳毛麟角，傳承對於華人企業家為何如此艱難？在馬來西亞，家族財富傳承失敗個案多不勝數，許多豪門家族甚至在第二代接班後，就上演爭產官司，子孫對薄公堂，家醜也顧不得外揚，家人變成仇人，最終家族企業落入外人手。有些本地豪門，富二代是個散財童子，財富到手後就敗盡家財，最後財散人散，家族後代命運潦倒，子孫虎落平川。

富不過三代的詛咒似乎就是全球華人家族打不破的宿命！

歷史研究顯示，許多華人家族在財富傳承過程中陷入惡性循環。一個家族經歷了數十年的創業期，好不容易建立了家族企業和財富，結果在傳承給下一代人就因規劃不當，財富管理失敗，家族成員內鬥失

和，導致企業分家而垮臺，然後又從新開始創業，累積財富、傳承失敗、內鬥分家、企業垮臺，然後又重新開始……我們不斷在傳承過程裡流失了大量的財富和資源，最後百年企業也煙消雲散，實在是太可惜了！

研究顯示，華人家族企業的代際傳承 8 年間平均財產流失率高達 60%，即企業股權所有人傳承前 5 年所持有的每份價值 100 元的股權，在傳承完成 3 年後平均只剩下 40 元。而麥肯錫發布的報告更是直截了當地指出：全球範圍內家族企業的平均壽命只有 24 年，其中僅有約 30% 的企業得以傳承到第二代，傳承到第三代的不到 13%，而第三代後只剩下 5% 的企業還能為股東繼續創造價值。

試想如果這樣的情況重複發生著，華人家族企業家又如何能富強起來呢？如何富過三代？

志言志語

所謂創業難，守業更難。根據 2015 年安利全球創業報告（AGER），76% 的大馬人具有創業之心，其中 48% 想自己創業，但只有區區 4% 的人創業成功。家族企業是一個家族興衰成敗的命脈，必須好好規劃，好好傳承，才不致於敗了前輩們辛辛苦苦拼起來的江山！

$$$ 我的人生目標：將財富傳承帶入華人世界

這些年來，我大大小小講過上百場的財富傳承分享。

為何我那麼有熱忱？因為我有個使命，我希望提醒所有馬來西亞的華人：您願意花 99% 的時間在賺錢，為何你不願意花 1% 的時間好好規劃好您的財富傳承呢？

華人可能是是全世界最會賺錢的民族，但是很可惜，華人在財富傳承的表現卻是差強人意。如果有一天華人能夠站上世界的舞臺，成為最強的民族，財富傳承的智慧絕對是不可或缺的一環。

傳承的智慧比財富更為重要

就如 Elite Venture 的座右銘：財富傳承，民富國強；積善之家，富過世代！

總的來說，如果一個國家民族要持續富強，財富傳承這一塊絕對不能掉以輕心，華人企業家們必須認真看待，好好準備和規劃！就如香港傳承學院李志誠博士說：「財富傳承是一項哲學性的話題，也是一門科學與藝術並重的學問，家族真正需要不只是財富，

家族能夠和諧相處，企業才能夠持續發展。」傳承的智慧比財富更為重要！

我最想要達到的目標，就是把我手下兩家理財集團的公司，發展成行業裡頭的第一名。以及，將財富傳承的理念，繼續發揚光大。甚至將公司帶入全世界，只要這個世界有華人的地方，就有我們「Elite Venture 智富財富傳承工作室」的足跡。

為什麼我鎖定華人？

是因為華人在處理「財富傳承」上，是一個最糟糕的民族。對於「財富傳承」最掉以輕心，最不以為意，所以我想改變大家這個思維。

我覺得在「傳承」上，華人的家族們都比較短視，不像西方家族，將家產寄予信託，家族信託讓百年企業得以長久，甚至一代比一代強盛，也造就了他們一直居於世界的領先地位，所以我覺得華人，真的要好好的去研究，改掉這個弱點。

😊 **志言志語**

華人可以說是世界上第一會賺錢的民族，
然而在財富傳承方面，卻是倒數第一名，
因為華人擁有太多的陋習，自我限制，
以及過於輕視財富傳承的重要性。

$$$ 我希望成為一個：教育家！

為什麼說是教育家？

就像是孔子，儘管離開世界上千年，儒家思想依舊深深影響著後代。

所以我希望我是保險業界中的「教育家」！啟發更多華人對於財富傳承有更多的思維，我一直相信，如果有更多的華人家族真正懂得「傳承之道」，華人家族才能更智慧的富有。

所以，我的公司才叫「智富財富傳承」。

唯有懂得「傳承之道」，這樣才能真正培養成為「創二代」，成功的第三代、第四代，世世代代等。我們華人才能成為一個不敗且偉大的民族。

推廣慈善，有共好才能創造更多財富

創辦「Elite Venture 智富財富傳承」諮詢工作室最初起源是來自於一個簡單的概念，我們覺得市場上很多人做保險，也有很多理財專家，但是「談傳承的，很少」。

也正因為如此，馬來西亞的華人企業家很多連一份遺囑都沒有去做！

所以我們希望透過我們的教育，不斷的提倡，幫助中華民族的企業家，打造財富傳承的藍圖，完成富過世代，並且推廣慈善傳承，回饋社會，實現民富國強。

因為現在很多人到達了人生的一個高端階層就會問我：「到底我將來要如何確定我的子孫，有把我的財產做最好的保護或保存？」

我會回答：「除非你有去推廣慈善！不然你的孩子會永遠覺得，這個錢是阿公給我的，我想要怎麼樣花，就怎麼樣花！」

但是，如果你去教育他：「錢，你只不過是暫時保管而已，你需要為你的下一代，創造更多的機會，甚至去幫助更多的陌生人，創造更多的機會，這樣他們才會去珍惜和好好去發揮。」

要不然的話，富二代、敗家子，時常會發生的。因為這個錢，不是他們賺來的。

期許更多「傳承演說家」把好的概念分享

當然，我們也有企圖心。

希望能成為馬來西亞最大的「遺產規劃平臺」，這五年內，能夠培養出 1,000 位，遺產規劃師。

我們這個平臺的成員，來自各個不同的保險公司，大家在這個平臺都可以互相學習，互相分享。

　　當然我們也積極推廣「財富傳承」，必須通過家族信託和慈善信託這兩樣的結合，才能讓企業家族持續不斷的富下去。

　　同時，我也希望有更多像我一樣的「傳承演說家」，像我一樣出來講課，一起分享。

　　「Elite Venture」這個平臺，就是在這樣的情況之下成立的！我們也期待您的加入。

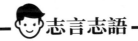志言志語

　　道德傳家，十代以上，耕讀傳家次之，

　　詩書傳家又次之，富貴傳家，不過三代。

　　一個家族千萬別只是著重有型財富的傳承，

　　無型財富（教育和文化），才能真正讓家族富過世代！

第二節　傳富德

人生不外是：
立言、立功、立德……

$$$ 我是這樣克服人生恐懼

　　我去澳洲旅行的時候，我決定做個與眾不同的嘗試。因為我有懼高症，但是我卻決定搭飛機到一萬五千英呎的高空上，往下跳。

　　我去跳飛機、跳傘！

　　就在一萬五千英呎的高空上，我喊出了我的人生宣言……

　　「我一定要成為財富傳承界的指標！」

　　「我一定要將我創辦的公司帶入全世界！」

　　這是我人生做過最瘋狂的事情！

　　在一萬五千英呎的高空上，我戰勝了我的恐懼。我把我的恐懼，變成了我人生最大的動力！

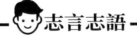志言志語

人生不是大膽冒險，便是一無所獲。
人總要有瘋狂追夢的時刻，哪怕失敗了，也絕不後悔！
像白開水一般的生活，對我毫無樂趣可言。
哪怕有一天你離開時，你也能大聲說：
「幹！杯北這一生沒有白活！」

$$$ 艾倫‧馬斯克是我的偶像

沒錯！我的偶像就是艾倫‧馬斯克（Elon Musk）！他是一個超級天才，再加上後天的努力，所以他獨一無二。

我讀過他的自傳，他的大膽、他的格局、他的夢想，深深啟發了我！

他是誰？

或許說到「特斯拉」你會比較有印象。他是現在第一輛可行電動車 Tesla Roadster 的聯合設計者之一，也是特斯拉公司和 PayPal 的創辦人之一。

除此之外，他還是 Space X 的創辦者，目前擔任執行長和首席設計師。

他是一個發明家，也是一個企業家，更是一個活在現實的幻想家；因為他甚至提倡要移民到火星去，儘管這些都不見得會實現，我覺得他擁有超凡的夢想，為夢想而打拚，儘管歷經數次失敗，他還是能夠熬過，這令我太佩服。

我的座右銘，我相信每一個人都有自己的潛能；一旦被激發，你將無與倫比，超乎想像。

我最相信，人都有潛能。只要能發揮潛能，這個

人將從此成為偉人。

　　不管在哪一方面，他都將「無與倫比」。

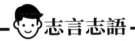 志言志語

如果有些事對你來說非常重要，

即使所有人都反對你，你也應該堅持下去。

——艾倫·馬斯克（Elon Musk）

第三節
傳富道：見證、實例

條條道路通羅馬，
你也能成為傳承之道的專家

$$$ 「財富傳承」的專家標準

你能夠從 0 到 1，為一個千萬富豪的家族，規劃一套屬於他們家族的財富傳承系統，包括：遺囑、信託、資金管理，創造一個家族基金給他。這是我覺得專家所必須要具備的，以及你能夠培訓「接班人」。

要賣的是「人性」及「獨一無二」

你要知道，今天如果你的目標客群是普羅大眾，你賣的產品就必須是大眾化的產品，你要賣的便宜、低價，而且數量要大。所以你的保單規劃，就必須要包山包海。

今天你如果鎖定的是高端族群，你就必須拿出你的服務態度，有價值的商品，甚至是拿出個人私人感情，就是你跟他之間培養的關係。

但是如果你的終極目標是那些，終極、真正高端的客戶，你要賣的是「人性」。

你要賣的是「獨一無二」。

你要賣的是我們一再強調的「讓你的下一代，持續富下去，富過世代」。

不然，你如果不這樣賣，這些終極高端的客戶會

覺得：保險已經不再受到重視。

透過財富傳承，改變傳統保險思維

保險過去幾百年來，給人們的感覺都是：當你沒有錢的時候，你有需要，它會幫到你！幫你度過財富危機。

但是，透過財富傳承，我們要改變這個思維。

我們要讓客戶知道，保險是和你的一間屋子、一間工廠、一個房地產，或是股票同等的一樣東西。

因為你可以透過這些東西，來傳承給下一代，你也可以透過保險來傳承。

當他認為保險是一個消費品，他不會買很大。

但如果他認為保險是一個他的財富工具，他會認認真真去買一份大份的！

這就是我一直在強調的，「財富傳承」所創造出與眾不同的觀念。

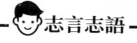

志言志語

我相信每個人都有自己的潛能，
一旦被激發，你將無與倫比，超乎想像！
——胡瑞志（Jay Fu）

$$$ 為什麼財富傳承很有價值？

你們在我這裡學到了「財富傳承」的觀念，最重要的是如何去執行！

自己心中必須去規劃出藍圖，例如要找什麼樣的人？

同時間大量的行動，專注，維持正能量、積極的狀態，最後才能算是成功。

不管你過去來自哪裡？你需要隨時保持「空杯子」的心態。

畢竟在學習的道路上，一定會有一兩樣東西，是你曾經沒有學過的！

歡迎你隨時提出你的疑問，大家互相切磋。

更重要的是，這一切都要學以致用，希望你能踴躍參與。

守富之道：保險是世界上最好的財富傳承工具，沒有之一。

為何保險是世界上最好的財富傳承工具呢？

這的議題，我把它分成七個部分來說明！

1. 欠債不還，理所當然；稅稅平安，傳承不難（LEAVE A DEBT FREE & TAX FREE LEGACY）

什麼意思呢？

因為保險金，雖然是我們個人財產的一部分，但是，保險給付和理賠金，是不需繳交個人所得稅，包括身故賠償金、醫療保險金等，分紅類保險的分紅收益也不需繳交個人所得稅。

所有的保險金不必拿來抵債（臺灣法令也是一樣）。

在馬來西亞的 Financial Services (Banking Reform) Act 2013 裡面也非常清楚的列明，保單的受益人是受到保障的，家人是唯一受益人，債主無法追討。

2. 快速執行，世界通行（FAST DISTRIBUTION, DELIVERY TO WORLDWIDE）

保險金是世上最快速直接的傳承工具，無需認證，馬上執行。比如說很多人的小孩都在國外工作、國外讀書，保險金是唯一一樣，可以馬上傳遞到孩子手中，而不是像很多的不動產，如果要變賣、售出，還需要特地回國處理，也不知道多久才能到孩子的手中，這樣一來，也可以避免遺產管理手續的麻煩。

3. 保險公平均分，沒有糾紛
(EQUITABLE DISTRIBUTION, AVOID DISPUTES)

因為保險金是屬於現金類，所以可以公平均勻，能避免資產糾紛。

舉例來說，一個產業，你要分給你三個孩子，每個孩子都有 33.3% 的權力，到時候可能會引發糾紛，其中一個孩子不願意合作，另外兩個孩子就無法變賣財產；而且，父母還可以控制受益人的配額，隨時可更改，假設某一個孩子比較孝順，就分配額高一點。

同時，保險也是父母最後的尊嚴。

人家說：久病無孝子。

如果父母自己手上有些錢，不僅可以給付自己臨終前的醫療費用，甚至過世之後的後事處理，也可以有充裕的資金，不會成為孩子們的負擔。

4. 保險擁有槓桿效應，代代雙贏
(LEVERAGING YOUR WEALTH)

因為保險是可以 1 對 100 的方式，讓我們的財富得到槓桿效應，甚至它可以在緊急的時候，創造緊急資金。

當然，今天如果我們把錢放在銀行，我們是無法創造出槓桿效應的！

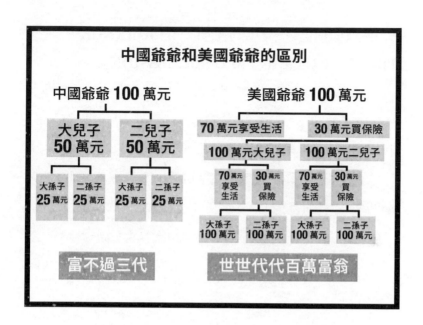

所謂中國爺爺和美國爺爺的區別。

假設中國爺爺有 100 萬，均分 50 萬給兩個小孩；那將來這兩個小孩，會把這 50 萬，再分成各 25 萬，給他們自己的小孩。很明顯的，到了第三代，這個家庭已經沒有任何的財產了！

但是，另外一個做法，比如說美國爺爺。

當他擁有 100 萬元時，他會拿出 30 萬元來買保單，留下 70 萬元享受生活。當他過世後，這 30 萬會變成另外 100 萬，分給兩個孩子，以此類推……，他們世世代代都是百萬富翁了！

5. 保險加信託，傳承有把握（INSURANCE + TRUST = GUARANTEED SUCCESSION）

意思是，今天如果我有了保險，同時我又加買了信託，我就能讓我的保險更加有保險，而且能夠控制財富的運用，讓家族財富發揮最大正面效應。

避免子孫過早繼承財富而腐敗，可以實現世代交替傳承，達到富過世代。

也就是我能夠透過保險、信託，用細水長流的方式，慢慢地給我的子孫們，這樣我才能達到更好的傳承效果。

6. 婚姻有風險，保險可避免（AVOID MARRIAGE DISPUTE）

其實很多時候，假設我們離開了之後把錢給了子女，也會擔心她將來所託非人、嫁了不好的人，或者娶了只為了他的錢財的另一半，未來有可能因為離婚，就會被分割一半的家產。

透過保險，我們可以先設立婚姻保險信託，躲避婚姻風險，照顧子女終身。

而這個保險金，也不會納入婚姻裡頭的共同財產，財富永遠屬於子女，也不用擔心他們被騙，晚年不保。

7. 遺產不確定，保險最穩定 (INHERITANCE UNSURE, BUT INSURANCE IS CERTAIN)

現在要談傳承，其實工具很多。

有的人喜歡買股票，有的人喜歡買基金，還有人喜歡買地產；這些投資工具，坦白說，都是有風險，而且，價格不斐。

但是，保險呢？

是風險最低的工具，而且可以達到 100% 傳承的工具。它是最穩定的傳承工具。

擁有保證的價值，而且受益人可以得到保障，只有指定受益人可以獲益。

所以，加上我們的遺囑和信託，事先設定好的藍圖，那麼保險就能更好發揮它的價值了！

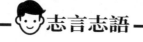志言志語

「我一直是人壽保險的信仰者，

即使一個人再窮也可以用壽險來建立一份資產，

當他有了這份資產，他才感到真正的滿足，

因為，他知道假如有任何事發生，他的家庭仍可受到保障。」

——杜魯門

第四章

總結

人生如果不是大膽冒險，
　就是一無所獲！

第一節　夢想篇

讓我們一起來逐夢實現
共同打造華人在財富傳承的頂尖團隊

$$$ 為自己加油

周星馳有部電影《新喜劇之王》，我看了非常有感觸。

在過去那個還沒站在眾人舞臺前的我，就是那是不斷的努力、不斷的裝扮；不斷的努力、不斷的裝扮；希望有一天能改變我的命運。

但是我不知道，是我笨、我蠢、還是我沒有明師指點？我沒有辦法找到我的強項，直到我搭上了傳承之路。讓我找到我的自信。我可以自信的跟企業家講話，我可以自信的跟他們分享，因為這就是我的專業。

所以一路以來，我們要為自己加油。

送大家一句話：「人生如果不是大膽冒險，就是一無所獲。」

這是海倫凱勒說的，也是我最喜歡的一句話。

但也是從我其中一個恩師，就是梁凱恩身上得到的啟發。

我在一次的因緣巧合，我上了梁凱恩的課。他大

第一節

夢想篇／讓我們一起來逐夢實現共同打造華人在財富傳承的頂尖團隊

膽勇敢地追求自己夢想的事跡，深深啟發了我！

　　讓我覺得，人生就是要大膽地為夢想而活，大膽地去追求自己的夢想。甚至是說出你（妳）的夢想，得到別人的支持，去完成它。

飛躍團隊
THE FINEX TEAM

一隻優秀的團隊，塑造出優秀團隊文化，
一個優秀的團隊文化，釀造出優秀的人。

$$$ 組建團隊的五大核心價值

團隊是我的生命，團隊造就夢想。

在過去幾年裡，我很努力打造團隊，栽培團隊。

在團隊經營和團隊發展上，我花了非常大的心力，看到團隊做得好，我比自己做得好，都還來的開心。

在帶領團隊上，我也擁有無限的激情和滿足感。

在我的心目中，團隊就是一群人擁有共同的夢想、共同的理念，以及互相扶持去完成一件事。

所以我成立了 FINEX Group 飛躍集團。

FINEX Group 飛躍集團是我的生命，我的一切。

過去這幾年，我和我的戰友一起披荊斬棘，將保險與財富傳承結合，打造出一個藍海模式。

我目前的團隊，是一群 90 年後和 80 年後的年輕人一起創建。

我本身是 80 年後，我相信我的團隊未來的主幹，會是 90 年後。

儘管這個團隊，非常的年輕，我組建團隊的資歷也不深，但是我發現大家都和我裡面一致、團結一致，齊心努力，這是我非常欣慰的。

233

馬雲曾經說過：當年如果他沒有遇到十八羅漢，他也根本不會有今天。

所以，一個企業的成功，最重要是遇到對的人，擁有理念一致的夥伴。

所以，我也正在打造屬於我的核心戰將。

正所謂，一個人可以走得很快，一群人卻可以走得很遠，這就是我心目中理想的團隊，有熱情、有夢想、以及互相扶持。

經營團隊的五大祕訣

我經營團隊有五大祕訣。

我要求我們團隊的成員們，必須擁有下列五項價值觀。

第一、雄心勃勃（Ambitious）：就是必須是目標導向，敢夢、敢為，必須為成就付出一切。

第二、交付（Deliver）：就是時時刻刻全力以赴，追求更卓越的自己。

第三、獨立（Independent）：就是必須能獨當一面，以身作則，成為榜樣。

第四、成長（Grow）：必須終身成長，有著能夠

時時學習成長和共好的思維，隨時以團隊的利益為出發。

第五、公開交流（Open communication）： 開放溝通，絕不私下散播流言蜚語。

我有一句口號是這樣說的：「用心經營、專業執行、以身作則、共好共贏。」

這是我飛躍集團的五大核心價值觀。

我們希望在未來能打造一個結合保險與財富傳承，成為市場上財富傳承的首選品牌，是財富傳承上的星巴克，打造 100%高收入的團隊。

人的成長，比成功更重要

當然在經營團隊的路上，我也曾經經歷了許多風風雨雨，尤其是在 2019 年的上半年，我剛出來成立我的集團的時候，一路上戰戰兢兢、信心不足，一步一腳印的走到下半年，我已經進入佳境，同時也吸引不少的人才加入，現在我看到飛躍集團，在各方面都非常正向的成長。

而且我們的核心戰友們，比起一、二年前，都在高速的成長。

我覺得人的成長，比成功更重要。

人成長了才成功，他就會把握住這個成功。假如人成功了，卻沒有成長，到最後他也會被打回原形。

所以我非常重視個人成長，團隊成長。

未來我也期許，飛躍集團能夠達到一個更高的境界，成為業界的典範。

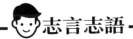**志言志語**

歡迎加入

FINEX Group 飛躍集團

連繫方式：https://www.facebook.com/finexgroupmalaysia/

Email：finexmy@gmail.com

第二節　感恩篇

這個世界不是因為你能做什麼，
而是你該做什麼

$$$ 所有偉大的成就始於夢想！

當然，人也要懂的感恩。

我一直很感謝我人生中的貴人之一 —— Mr. Gan Kim Teck。

多虧了當年他的指點，讓我從沒有一個高端客戶，到找到方法認識了非常多的高資產人士，擁有這方面非常充沛的人脈。

另外一位就是我的保險師父 —— Dato Norman Pang「彭建偉」。

從他身上，我看到了不屈不饒的精神，從來沒有任何問題可以難倒他。他也啟發了我保險業可以做到企業化，甚至成為跨國的企業教練，成為業界的典範。我非常感謝他，帶領我重新踏入了保險業，如今我也從他的組織畢業，創建了自己的組織，我有了自己的集團。

在這裡我想要用馬雲的話跟你說：「這個世界不是因為你能做什麼，而是你該做什麼。」

我可以跟你說，「財富傳承」就是我認為我該做、我喜歡做、我願意去做的事情。

小米的雷軍也說過：「找到有颱風口的地方，做

一頭會借力的豬。」

　　這是 2012 年，雷軍在武漢大學小米招聘會上，暢談這些年的創業經驗和感想。他當時是這樣說的：「在業界混，我看過無數的豬，我想，我為什麼不做豬呢？」雷軍說：「要找最有可能有颱風口的地方，做一頭會借力的豬。」雷軍建議學子們：「大三的趕緊問問大四的就業市場怎麼樣？」他認為大學教會學子最重要的是預判能力。投射在我們的身上，依舊是很貼切。

　　百度的創辦人李彥宏也曾經說過：「一旦你想清楚做一件事情，不管外界有多少人在質疑你，不要管他，認准了！就去做！」

　　這麼多名人，鼓勵你，其實我想要跟你說：

相信才會擁有！

所有偉大的成就始於夢想！

你必須敢想，利用吸引力法則，

並付出大量的行動，必有非凡成就！

一起加油吧！

傳承道

揭開成為世界首富家族的祕密

作者／胡瑞志 Jay Fu
總統籌／卓天仁
文字校對／胡瑞良（Stanley Woo）
執行編輯／李寶怡
封面設計／廖鳳如
美術編輯／張靜怡
企畫選書人／賈俊國

總編輯／賈俊國
副總編輯／蘇士尹
編輯／高懿萩
行銷企畫／張莉滎、廖可筠、蕭羽猜
發行人／何飛鵬
法律顧問／元禾法律事務所王子文律師

出版／布克文化出版事業部
台北市民生東路二段 141 號 8 樓
電話：02-2500-7008
傳真：02-2502-7676
Email：sbooker.service@cite.com.tw

發行／英屬蓋曼群島商家庭傳媒股份有限公司城邦分公司
台北市中山區民生東路二段 141 號 2 樓
書蟲客服服務專線：02-25007718；25007719
24 小時傳真專線：02-25001990；25001991
劃撥帳號：19863813；戶名：書蟲股份有限公司
讀者服務信箱：service@readingclub.com.tw

香港發行所／城邦（香港）出版集團有限公司
香港灣仔駱克道 193 號東超商業中心 1 樓
電話：+86-2508-6231　傳真：+86-2578-9337
Email：hkcite@biznetvigator.com

馬新發行所／城邦（馬新）出版集團 Cite (M) Sdn.
Bhd.41, Jalan Radin Anum, Bandar Baru Sri Petaing, 57000 Kuala Lumpur, Malaysia
電話：+603-9057-8822　傳真：+603-9057-6622
Email：cite@cite.com.my

印刷／凱林彩印股份有限公司
初版3.2刷／2024 年（民 113）2 月
售價／新台幣 350 元
ISBN／978-986-5405-62-5